幸せになれる女性医師の不動産投資

大山一也 OHYAMA KAZUYA
植田幸 UETA SACHI

幻冬舎 MC

幸せになれる
女性医師の不動産投資

忙しい女性医師が仕事とプライベートを両立し幸せになるには？

「忙し過ぎて精神的に余裕がない」
「仕事量の割に給与が見合わない」
「いつまでこんな働き方ができるのだろう……」

日々忙しく働いている女性医師のなかには、医師としての充実したキャリア形成や、結婚・出産などのプライベート面を含めた幸せな将来設計を考える余裕がなく、漠然とした不安や心配を感じる人が少なくありません。

特に新型コロナウイルスが世界中で猛威を振るう今、日夜を問わず患者の対応に当たる方も増え、そうした言い知れない悩みはますます大きくなる一方です。

私たちはこれまで、医師専門の不動産コンサルタントとして、不動産投資による節税・相続・資産形成、さらには開業支援や土地活用などの支援をしてきました。そのなかにはやはり将来に対する漠然とした悩みをもった女性医師の方も多くいましたが、不動産投資を始めることで、金銭的にも気持ちの面でも余裕のある生活を送り幸せをつかんだ人もたくさんいます。

女性医師の資産形成において、不動産投資が最適だと私たちが考える理由は、運用管理に時間や手間がほとんど掛からないからです。多忙な方でもストレスなく行えることに加え、収益の変動も小さく安定しており、少ない金額から始めることもできます。

もちろん、ご自分の資金状況やライフプランに応じて、適切な物件を確かな資金計画で取得することが重要であり、そのためには資産運用や投資についての基礎知識を身につけることが欠かせません。ただ、忙しい女性医師にとってすべてを自分でこなすことは難しいでしょうから、マンツーマンでサポートしてくれる専門家を利用するのが合理的です。

運用管理の手間が少ない不動産投資は、「気づけば資産が増えている」といった環境をつくれるため、心にゆとりを生んで幸せな将来設計の支えとなります。

本書では、さまざまなきっかけで不動産投資と出合い、キャリアと人生の新しい可能性を切り拓いている女性医師たちのストーリーを紹介するとともに、不動産投資の基本的な仕組みやメリットについて分かりやすく説明します。自分らしく充実した、そして幸福な人生を送りたいと願っている女性医師の方々にとって、本書が必ずお役に立つはずです。ぜひ、仕事とプライベートを両立し、幸せをつかんでください。

目次

CONTENTS

PART 1

不動産投資って難しい？

女性医師にとってキャリアとプライベートを両立できないことが悩みの種！

男性中心だった医師の世界で、年々女性が活躍し始めています。

厚生労働省「医師・歯科医師・薬剤師統計（2018年）」によると、いまや30代の医師に占める女性の割合は3割を超え、今後もさらにその存在感は高まっていくと予想されています。

一方、そんな女性医師にとって、悩みの種となっているのがライフプラン。キャリアはもちろんのこと、将来のプライベートをどのように充実したものにするか悩んでいる人が少なくありません。

医師としての仕事や役割は男性と同じですが、結婚から出産・育児においては今なお多くの負担が女性に掛かってきます。産休や育休に対する制度面の整備は徐々に進んでいますが、まだまだ周囲の理解やサポートが十分とはいえません。

忙殺されることなく余裕をもたせるにはお金が必要

そのため女性医師にとって、早い時期から「金融リテラシー」を磨くことはとても重要になります。

資産運用や資産形成を着実に進めることで、医師としてのキャリアとともに、女性としてのライフプランにおいても選択肢が広がり、より充実した幸福な人生を送れる可能性が高まるのです。

現在、多くの医師は専門医の資格を取得して、各診療科のエキスパートとしてのキャリアを歩み始めるのはおおむね30代前半から半ばになります。30代というと女性にとってはちょうど、結婚や出産・子育てのタイミングです。そのため、女性医師にとっては30代が自分のキャリアとライフプランの方向性を見定める重要な時期といえるでしょう。

しかし、この時期の女性医師は多忙を極めています。勤務医であれば毎日臨床の現場に立ち、手術を行い、入院患者を管理し、定期的な当直や夜間のオンコールもあります。

そのうえ、プライベートでは結婚や出産・育児が重なると、オーバーワークにならないほうがおかしいくらいです。

そのため30代で医師としてのキャリアをいったん中断する女性医師も少なくありません。

そもそも、お金のことや資産運用、資産形成について、これまであまり考えたことがなかったという医師は男性、女性含めてたくさんいます。確かに医師は社会的なステータスが高く所得も多いでしょう。

しかし、万が一、病気やケガなどで現場に立てなくなると、収入は大きく減少してしまいます。

だからこそ一日でも早く「自分の将来とお金の関係」について考え始めてほしいのです。一度にすべて理解したり、見通しが立つということは難しいでしょうが、今日から始めれば必ず前へ進むことができ、明るい未来が見えてくるはずです。

資産運用にはどんな方法がある？

資産運用の方法として、最も簡単で安全な方法は銀行にお金を預けておく「預金」です。ただし、ご存じのように預金では残念ながら利息がほとんど付きません。

一方で「投資」には、さまざまな運用対象があります。代表的なのは「株式」でしょう。上場している株式会社の株を購入することで、利息に当たる配当を得たり、買ったときより値上がりした段階で売却することで譲渡益を得ることができます。インフレに強いのも株式の大きなメリットです。

ただし、株の配当や譲渡益は会社の業績や経済状況で大きく変動します。大儲けできるかもしれませんが、大損することもあり得るのです。また、会社の業績などをチェックしたり、経済や株式市場の動きを見たりしながら、株（銘柄）を選び、購入や売却のタイミングを判断することが必要です。多忙な医師とっては、これらをこなすのは難しいでしょう。

複数の株式（銘柄）をパッケージした「投資信託」という金融商品もあります。少額から多くの銘柄に分散投資できるのが特徴で、日経平均などに連動するパッシブ型と呼ばれる投資信託であれば銘柄を選ぶ必要もありません。また、商品によってはＮＩＳＡ（少額投資非課税制度）やiDeCo（個人型確定拠出年金）といった税制優遇制度の対象になるものもあります。

ただ、投資信託も基本的には株式へ投資するものなので、経済や株式市場の動きに左右されます。少額から始められるのはメリットですが、まとまったキャッシュフロー（運用益）を得るには多額の自己資金が必要です。

ほかにも、投資対象としてはＦＸ（外国為替証拠金取引）や商品先物、暗号資産（仮想通貨）などもありますが、これらは株式と同じか、それ以上に値動きが大きく、投資というよりは投機に近くなり、安定した資産運用の方法としては適しません。

そこで考えていただきたいのが本書のテーマである「不動産投資」です。

不動産投資とは、不動産を購入し、それを他人に貸すことで毎月の家賃収入を得ることを目的とした投資です。さらには将来購入した不動産を売却することで、売却益を得ることも可能です。そのため、不動産投資であれば銀行に預けるよりも大きく資産を増やせる可能性が高く、さらには株式のような手間は掛からずローリスクで資産を運用することができます。

不動産投資は女性医師にぴったり！

私たちが、医師、とりわけ女性医師に最も適した投資対象としてお勧めしているのが、マンションやアパートといった賃貸用不動産です。そこには5つの理由があります。順に説明しましょう。

①基本的に〝ほったらかし〟でいい

購入した賃貸用不動産は、主に個人に対して居住用として貸します。契約は一般に2年ですが、更新も可能になっていて、毎月、家賃が入ってきます。

入居者の募集や家賃の集金、賃借人（借りている人）からの問い合わせ等については、専門の不動産会社に任せておけば、所有者（オーナー）としてはほとんど手間が掛かりません。いわば、〝ほったらかし〟でいいのです。忙しい女性医師にとって、これは大きなメリットです。

②銀行融資を利用しやすい

マンションやアパートなどの賃貸用不動産の価格は物件によってさまざまですが、最低でも1000万円、規模の大きなものになると数億円します。それを購入するお金を全額、自分で用意できる人はごくまれであり、通常は銀行融資を組み合わせます。例えば、1億円の賃貸用不動産を購入するに当たり、自己資金は500万円、残り9500万円を銀行からのローン（融資）でまかなうのです。

「そんなことができるの？」と思われるかもしれませんが、銀行にとって賃貸用不動産への融資は、土地建物を担保に取ることができ、しかも毎月の賃料から元金と利息を返済してもらえるため、焦げ付きの少ない案件とされます。

そして、医師のように安定した高収入が見込める職業の人には、一般の会社員や公務員以上に融資額など有利な条件で貸してくれるのです。例えば、一般の会社員や公務員であれば年収の10倍が融資上限といわれますが、医師の場合は年収の20倍前後が融資上限といわれています。

さらにいうと、多くの職業では産休・育休中や正規雇用ではないアルバイト、パートでは、賃貸用不動産の購入に当たって銀行から融資を受けることは非常に困難です。ところが、医師であれば産休・育休中であっても、アルバイトやパートであっても、安定した収入が得られることが証明できれば、比較的容易に融資が認められる傾向にあるのです。これは女性医師にとって大きなメリットといえるでしょう。

③高い節税効果が見込める

賃貸用不動産を購入し、個人などに貸すと、毎月、家賃が入ってきます。こうした収入は不動産所得として毎年、税務署に確定申告する必要があります。

ただ、不動産所得の計算では、家賃等の収入から管理費や銀行融資の利息分、そして建物の「減価償却費」を経費として差し引けます。そして、不動産所得が赤字になると、他の給与所得等と損益通算することができ、特に本業での収入の多い医師の方たちにとっては、所得税や住民税の負担が減ります。

ちなみに、所得税は超過累進税率といって、課税所得の額によって段階的に適用税率がアップします。例えば、課税所得のうち695万円超900万円未満の部分の税率は23%ですが、課税所得のうち900万円超1800万円未満の部分の税率は33%になり、10%も跳ね上がるのです（図表1・22ページ）。このように、不動産所得の赤字による

図表1　所得税の税率（2015年分以降）

課税所得金額	税率
1000円以上　195万円未満の部分	5%
195万円以上　330万円未満の部分	10%
330万円以上　695万円未満の部分	20%
695万円以上　900万円未満の部分	23%
900万円以上 1800万円未満の部分	33%
1800万円以上 4000万円未満の部分	40%
4000万円以上の部分	45%

出典：国税庁ホームページ

損益通算の効果は、給与所得や事業所得が高い人のほうが有利であり、医師はまさにそのメリットを享受しやすいといえます。

④生命保険代わりになる

賃貸用不動産を購入するために銀行融資を受ける場合、団体信用生命保険への加入がセットになっています。団体信用生命保険とは、融資の返済中に借りた人に万が一のことがあれば、その時点での残りの元金（融資残高）に見合う金額の生命保険金が支払われるという保険です。

そのため、残された親族の手元には、ローンの返済が必要のない賃貸用不動産が残り、家賃収入の大半を受け取り続けることができます。

こうしたことから、銀行融資を利用して不動産投資を行うに当たって、すでに加入している生命保険を見直す医師の方も少なくありません。

⑤相続税対策に利用できる

ある程度の年齢になり、それなりの資産をもっている人の場合、相続税の負担が気になってきます。

相続税は、亡くなった人（被相続人）が所有していた資産に課税されるものですが、相続税額の計算において、土地や建物など不動産は通常、市場での時価に比べてかなり低く評価されます。おおざっぱな目安として、土地は時価の7割、建物は5割などといわれます。賃貸用不動産はさらに、第三者に貸していることで権利が制限されていることから、マイホームなどの自己利用より評価額が下がります。

一方、賃貸用不動産を購入する際に受けた銀行融資は、その元金の残高が土地や建物の相続税評価額から差し引かれます。結果的に、相続税の計算において、銀行融資を利用して購入した賃貸用不動産は、マイナスの評価になったりするのです。

このマイナス分は他の資産の評価と相殺されるので、相続資産全体の評価額が下がり、相続税の負担を抑えることが可能になります。開業してクリニックを経営したりして、多くの資産を築いた医師にとっては、相続税対策になるという点で、賃貸用不動産は大きな魅力があるでしょう。

なぜ女性医師の副収入確保や資産運用において不動産投資が適しているのか、簡単に説明しましたが、次からは実際に不動産投資に関心をもち、実践することでハッピーを手に入れた女性医師のケースを紹介していきます。

ここで説明した理由やメリットがどのように具体化されているのか、参考にしていただければ幸いです。

PART 2

始めるきっかけは人それぞれ！リアルな声を通して学ぶ女性医師の不動産投資

CASE 1

多忙な臨床研修で芽生えた将来への不安

早いうちから人生を楽にする〝ツール〟を手に入れる

プロフィール
年齢：27歳
所属：研修医
専門（標榜科）：内科（予定）

ヒント

・仕事とプライベートのバランスをどう取るか
・先輩から漏れ聞く「女医人生の厳しさ」も気になるところ
・軽視しがちな自分の人生とうまく両立するツールを見つける

医師であれば必ず通る研修医の2年間。最初は皆さん、やる気や充実感に満ち溢れていますよね。

一方で毎日仕事に忙殺されつつ、女性医師であれば「この先、結婚はどうなる？」「キャリアについて考えなきゃ」という不安も出てくるものです。

お金の勉強で心に余裕が

そこでぜひ、お勧めしたいのが、自分の将来を楽にするツールを早いうちから身につけることです。

「お金の勉強を始めたのは研修2年目から。それがすべてとはいいませんが、心に余裕をもって仕事に打ち込めています。もっと早くやればよかったくらいだと今では思っています。」

そう語るのは、首都圏の地域中核病院で初期臨床研修中のAさん。

「医師の道を志したのは、完全に医師の両親の影響ですね。

私の両親はともに医師ですが、二人とも仲が良く、仕事についてもお互い熱く語るタイプなんです。その姿を子どもながらに見てかっこいいと思い、自然に私も医者になりたいと思いました。」

志高く医師になったAさんですが、研修医の毎日は予想以上に激務とのこと。当直は週2日ペースで、翌日も夜まで勤務、当直のない日も帰宅できるのはほとんど深夜……土日もオンコールで呼ばれることが少なくありません。

「この前も、当直で患者が途切れず一睡もできなかった翌日、朝から手術に付きました。夜9時くらいにやっと帰れるかなと思ったら、再び緊急手術が入りそのまま日付を越えてしまいました。正直、気合いだけで立ち続けていた感じ……。」

ホント、研修医って忙しいんですね。そんなAさんがどうしてお金の勉強を始めたのでしょうか。

専門医の資格取得まで待っていたら婚期が遅れる⁉

きっかけは3年目からの後期研修での選択。

「仕事と家庭の両立を優先したら病理や眼科がいいことは分かっていたんですが、もともと興味があった内科に決めました。後期研修の施設も、今の病院のままでもいいけど、別のところで視野を広げてみたいという気持ちが湧いてきたんです。」

それと同時に、キャリアとプライベートのバランスについても気掛かりなことが。

後期研修では基本的に3年から5年で19の基本領域のどれかを専攻します。さらにその後、希望すれば24のサブスペシャリティ領域についても専攻することができますが、それにまた2年から3年かかります。

「専門医資格は絶対に取りたい。でも、長ければあと6年ほど、忙しい生活が続くとなると、いつ結婚できるんだろう、出産や育児はどうしよう……。そんな疑問や不安が湧いてきたんですよね……。」

女性としての人生と医師としての人生、どちらを優先するか、ここでどういう判断をするかでその後の人生が変わってくるかも。確かにこれは大問題です。

将来に備えるツールの一つが「お金」の知識

Aさんのように、医師としてのキャリアと経験は着実に積み重ねていきたいと思う一方、プライベートとのバランスについて悩んでいる若い女性医師の方は少なくありません。

その解決策の一つとして、とても有効なのが「お金」の知識です。

蓄えがあれば、いざというときのリスクをカバーしたり、人生の選択肢を広げたりすることができます。心の余裕をもたらす一つの選択肢といっていいでしょう。

こうしてAさんは最近、お金のことについて勉強を始めたところ。

「医局に置いてあった雑誌を休憩中にパラパラ見ていて、たまたまお金の相談室みたいなコラムが目に留まりました。私みたいに仕事とプライベートのバランスに悩んでいる女性の質問があって、専門家が投資や資産運用を利用した対処法を説明していたのを読んで、〝これだ〟って思ったんです。」

Aさんはさっそく、お金についての入門書を何冊か買い、オンラインのセミナーなども受けています。

「行動は早いに越したことないですからね。正しいお金の知識を身につけて、人生の選択肢を狭めないようにと思ってるんです。」

忙しい研修医時代、女性としての人生設計においてもたいへん重要な時期です。忙しさに負けずに早いうちから将来を楽にするツールを手に入れましょう。

そのなかでも「お金の知識」というツールは、比較的簡単に手に入れることができ、人生のさまざまな場面で使えるので、もっていて損はありませんよ。

幸せになる
ポイント

❶ 人生の選択肢を狭めないツールこそ「お金の知識」

❷ 早い段階から身につけるため行動することが大切

図表2　女性医師の数と医師全体に占める割合

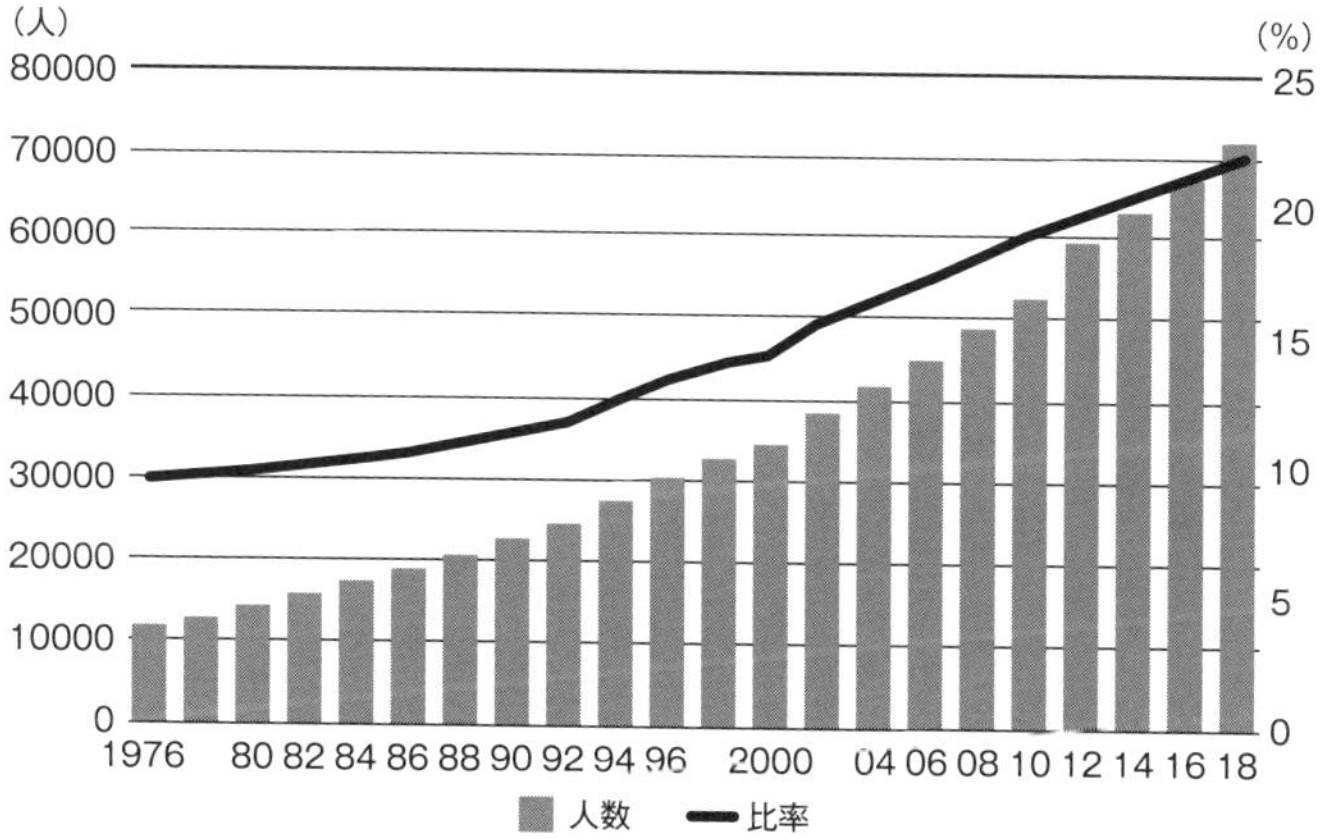

出典：厚生労働省「医師・歯科医師・薬剤師統計（2018年）」など

CASE 1 ―解説

女性医師を取り巻く状況

医師の世界で女性の存在感は年々高まっています。厚生労働省のデータによると、2018年時点で、医師の総数は32万7210人であり、そのうち女性医師は7万1758人。全体に占める割合は21・9％です。

「まだ2割か」と思う人もいるかもしれませんが、これは世代による偏りの影響で、30歳から39歳まででは31・2％、29歳以下では35・9％を占めます。

つまり、若い世代になるほど女性医師の割合も高まってきており、この傾向は

図表3　女性医師の割合の高い診療科、低い診療科

割合の高い診療科		割合の低い診療科	
皮膚科	54.8%	気管食道外科	2.5%
産婦人科	44.5%	心臓血管外科	6.2%
乳腺外科	44.1%	整形外科	6.2%
眼科	42.4%	脳神経外科	6.5%
麻酔科	40.9%	外科	7.1%
産科	40.0%	消化器外科	7.1%
糖尿病内科	37.3%	泌尿器科	8.2%
婦人科	36.7%	呼吸器外科	8.8%
小児科	36.4%		

出典：厚生労働省「医師・歯科医師・薬剤師統計（2018年）」

今後も続くと思われます。

数年前には入学者選考の際、一部の医科大学において、女子学生の不利な扱いが明るみに出て大きな社会問題になりました。その後、国の指導なども入り、医師の入り口である医学部入試における男女の扱いについては改善傾向が見られます。

例えば、文部科学省が全国81の国公私立大学医学部医学科における2020年度の男女別合格率を公表しています。

それによると、全国にある81大学の平均合格率は、男性12・56％、女性11・42％でした。また、2020年度入試で、女性合格率が男性を上回ったのは23校に達

します。2013年度から2018年度の平均合格率は、男性が11・25％、女性が9・55％でしたから、1ポイントほど縮まっているといえるでしょう。

なお、2018年時点では病院における主たる診療科別に見た女性医師の割合が高い診療科、低い診療科は図表3のとおりです。診療科による偏りは大きなものがあり、これが今後、どうなっていくかが注目されます。

CASE 2

後期研修はキャリアと人生の土台をつくる時期

安定した副収入がキャリアとプライベートを充実させるカギ

プロフィール
年齢：30歳
所属：公立病院（専攻医）
専門（標榜科）：形成外科

ヒント

・女性医師にとって30代はキャリアと人生設計の分かれ目
・専攻医になればアルバイトもできるが、意外に税金が掛かる
・医師として、女性として、選択肢を広げる発想の転換が大事

後期研修に入るとアルバイトも可能になり、収入は増えますが、それとともに仕事の責任が増え、専門医資格の取得に向けた勉強も必要。仕事とプライベートを充実させる難しさを実感するようになるものです。

キャリアアップの手ごたえはあるものの……

もともとやる気では誰にも負けない、何事にも全力投球するタイプのBさんは今、公立基幹病院で後期研修を続けているところです。

Bさんが目指している形成外科の専門医の場合、4年間で最低でも300症

例に関わったり、10症例の手術を行ったり、少なくとも1本は筆頭著者として論文の発表も必要ということで、キャリアアップの手ごたえは十分。

「毎日、外来から手術、入院患者の管理まで幅広く経験を積んでいます。子どもの頃から夢見てきた医師として独り立ちし、今は本当に大きなやりがいを感じます。」

とはいえ、1日の平均勤務時間は14時間超、食事どころか休憩する時間さえ取れないことがあるそうです。

休日に電話で呼び出されることなんて日常茶飯事。特に地方の公立病院なので夜間の人手が不足していて、本当ならコメディカルがやる仕事も医師がやらないと回らない状況だったり……。

ホント、つらいですよね。

せっかくアルバイトをしても多額の税金でガックリ！

研修医になってもう一つ、Bさんが気になっているのが収入のこと。

後期研修の専攻医になると、医療機関によって幅はあるものの、年収は700万～900万円。毎月20万～30万円の初期臨床研修の頃と比べればかなりマシとはいえ、ハードワークの割にはとても合いません。将来に備えて貯蓄するにしても、物足りないレベル。

そこでBさんは他の専攻医と同じように、週1日認められている研究日にアルバイトをしています。

「今のところ毎週火曜日、近くの民間病院で外来を担当しています。給与は1回12万円なので、毎月50万円くらいになって大助かり。大学の同級生に聞くと、都内だとこんなに高くないようです。」

ただし、意外だったのが税金のこと。アルバイトで年間600万円近く収入が増えたものの、その分、思った以上に税金が掛かるんです。

将来の選択肢を広げるのが安定した副収入

「なんとかならないかな」といろいろ情報を集めるなかでBさんの目に留まったのが、不動産投資でした。

「30歳になって、医師としてのキャリアは大事だけど、プライベートも後悔したくない。それには安定した副収入を確保し、資産形成していくことで、お金の面で土台をつくるのが大事だって気づいたんです。お金に余裕があれば、それだけ選択肢が広がりますからね。」

安定した副収入を確保して、資産形成を進めていくうえで、不動産投資にはいろいろなメリットがあります。

Bさんの場合、年齢が若くても医師はローンの借入がしやすく、少ない自己資金で始められることや、運用管理は専門の不動産会社に任せておけば、ほとんど手間が掛からないことに魅力を感じたとか。

また、自分で物件を探したり、金融機関にローンの申し込みをしたりする時間が取れないので目下、専門のコンサルタントに相談しているところ。明るい未来へ向けて、不動産投資の第一歩が始まろうとしています。

幸せになるポイント

❶ 医師としての収入だけでなく、副収入を得られる方法を探す

❷ 忙しい医師は専門のコンサルタントに相談するのも手

CASE 2 解説

女性医師のキャリアとモチベーションの変化

女性医師の就業率は、一般女性と同じように年齢に合わせていわゆる「M字カーブ」をたどるといわれます。医学部を卒業し、医師国家試験に合格した段階では、ほとんどの女性医師が医師としてのキャリアをスタートさせています。

しかし、30代に入ると次第に就業率は低下し、30代後半には3割程度の女性医師が仕事を離れるのです（図表4・43ページ）。

女性医師に対するキャリアのサポートは徐々にではあれ整備されてきていますが、まだまだ不十分であることがうかがえます。これには、女性医師自身のモチベーションも関係しています。

厚生労働省「平成28年度女性医師キャリア支援モデル普及推進事業」において、久留米大学病院が行った調査では、女性医師のやる気や向学心の変化を「やる気スイッチグラフ」と名付けて報告しています。

それによると、医学部に入学してから学年が上がり、病棟実習などを経て、医師国家

図表4　女性医師と男性医師の就業率の推移

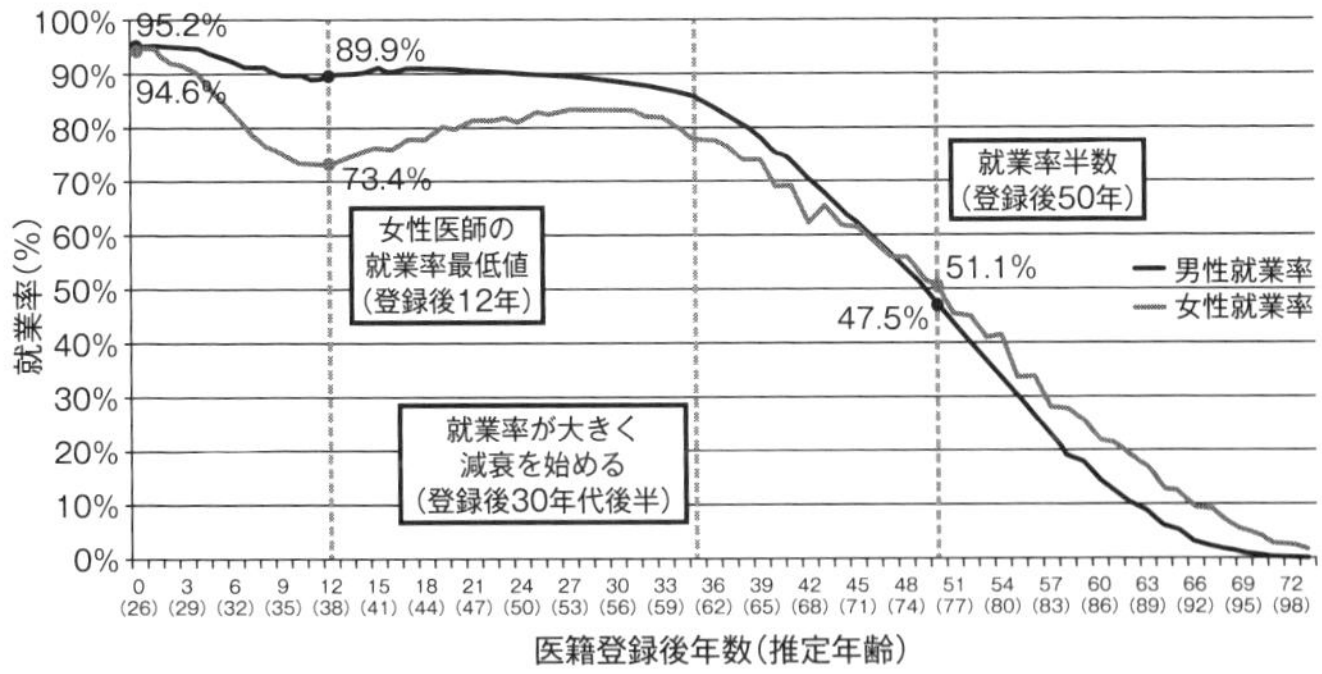

※2004年～2014年の医師・歯科医師・薬剤師調査（医師届出票）および厚生労働省から提供された医籍登録データを利用して作成

※推定年齢は医籍登録後年数が0年の届出票の満年齢（12月末時点）の平均値が26.8歳であることを考慮し設定

出典：厚生労働省資料「女性医師キャリア支援モデル普及推進事業の成果と今後の取組について」

試験合格、初期研修開始まで女性医師のやる気や向学心はどんどん上昇します。

その後、初期臨床研修、後期研修でもほぼ横ばいを維持しています。

しかし、結婚し、妊娠・出産を迎えると急激に低下していくようです。当直続きの疲労、臨床から研究室への異動などが理由とされます。

特に出産後は、育児や子どもの病気対応に時間を取られます。そこに、医師である夫の転勤や職場との軋轢《あつれき》などが重なると、「働かなくていいかな？」という気持ちが出てくるのでしょう。

しかし、その後、子どもが保育園に通うようになると時間にも余裕ができ、医局から復帰の声が掛かったりします。専門医の取得や学会発表、育児中の同僚の存在や子どもの成長なども女性医師のモチベーションアップにつながります。

こうしたキャリアとモチベーションの変化に対し、安定した副収入の確保と資産形成はきっと役に立つはずです。

CASE
3

シングルマザーとしての覚悟と心配

家族を支える大黒柱として万が一への備えをつくる

プロフィール
年齢：38歳
所属：民間病院（勤務医）
専門（標榜科）：産婦人科

ヒント

- 女性医師だと離婚しても経済的不安は少ない
- 子育ては親の力を借りるのも一つの手
- マンション投資は、万が一のときの備えにもなる

女性医師のなかには、離婚後、シングルマザーとしてお子さんを育てている方もいます。

世間ではシングルマザーにありがちな問題として、仕事の不安定さと収入の少なさが指摘されますが、女性医師であれば経済的な心配はさほどないはず。

以前にも増して仕事に全力投球

産婦人科医のCさんも1年ほど前、離婚に踏み切った一人です。30代半ばで同僚の医師と結婚し、3年目にはかわいい娘さんが誕生しました。ところが育

児休暇中に相手の浮気が発覚して、すっぱり離婚へ。

「正直いうと、それまではキャリアも私生活も順風満帆、こんなことになるとは思ってもみなかった。大きな挫折や失敗を経験することがなかった分、ショックは大きかったですね。」

一時はすごく落ち込んで、何もする気が起きなかったCさん。でも、救いになったのはやはりお子さんの存在。自分がしっかりしなければ、と意識を切り替えたそうです。そして、育児休暇から復帰したあとは、以前にも増して全力で仕事に取り組んでいます。

「1年間のブランクで多少、臨床の感覚が鈍っていたけど、すぐに以前とは変わらないレベルを取り戻しました。むしろ、今まで以上に高いパフォーマンスを出せている手ごたえがあるかな……。」

心配は子どものケアと自分に万が一のことがあったとき

現場に復帰し、精力的に仕事をこなすCさんにとって唯一、頭を悩ませたのはお子さんのケア。収入が高いので認可保育園に入るのが難しく、リタイアしていたご両親と同居し面倒を見てもらうことにしました。

「そうなると今度は、もし万が一、大黒柱である私に何かあったらどうしようという不安を感じるように。医師は現場でばりばり働ければ高収入だけど、身体を壊さないなんて何の保証もないですから……。」

この心配に突き動かされ、Cさんは復帰直後から、投資や資産形成についての勉強を始めました。関連する書籍を読んでみたり、ネットで情報を集めたり、信頼できそうなファイナンシャルアドバイザーに相談したり。

「まず取り組んだのは、家計のやりくりのチェック。掛金が高い割に保障のバランスが悪い生命保険を解約したり、iDeCoを使った投資信託の積み立てを始めてみたり。ほかにもっと良い方法がないか、と調べてたどり着いたのがマンション投資だったんです。」

医師のマンション投資は最初から一定規模の運用ができる

Cさんがマンション投資に魅力を感じたのは、それほど自己資金がなくても医師の社会的な信用力でまとまった額の銀行融資を受けられることです。その結果、最初から一定規模の運用が行え、それなりの額の家賃収入が見込めることでした。

ほかにも、ローンを借りる際に団体信用生命保険がセットになっていて、生命保険代わりになるところです。こうしてCさんは、都内で2500万円の区分の新築ワンルームを2戸、地方で2億円ほどの中古マンションを1棟、購入したのです。購入に当たって自分で用意したのは、区分ワンルームについては頭金10万円ずつ、1棟マンションでは頭金500万円、そのほかには購入諸費用が200万円ほどだけ。現在は、生命保険の要素を満たしつつ、年間の手残りは180万円を超えます。

さらに、ローンには団体信用生命保険がセットになっているため、Cさんに万が一のことがあれば、ローンの残債はゼロに。ワンルーム2戸とマンション1棟から入る家賃収入の大半が残された家族の手元に残り、生命保険代わりになります。

「この先、子どもの教育費や親の介護費用も必要になってくるはず。だから少しずつ運用規模を拡大して、キャッシュフローを増やしていくつもり。シングルマザーだって負けないぞ、ですね。」

離婚がきっかけとはいえ、不動産投資で万が一の際の不安をカバーし、さらには将来への備えも進めているCさんの取り組みを、多くの女性医師もぜひ参考にしてください。

幸せになる
ポイント

❶ 人生には自分の思いどおりにならないこともあると割り切る

❷ マンション投資で万が一への不安をカバーし、将来への備えも進める

CASE 3 解説

医師としてのキャリアの選択肢

医師としての働き方やキャリアには、いくつかの選択肢があります。代表的なのが、勤務医、開業医、フリーランスの3つでしょう。

勤務医は、特定の病院や診療所などの医療施設と雇用契約を結び勤務する医師で、雇用や収入が安定していることなどがメリットです。

開業医は、自ら病院やクリニックを開設し、経営する医師です。開業医は経営者でもあり、勤務医と比べると収入はかなり多くなります。また、自分の目指す医療を実践しやすいといったことも挙げられるでしょう。

さらに近年、注目されるのが、複数の医療機関から定期的ないしは単発で業務委託を受けて働くフリーランスです。仕事の内容や金額は交渉次第。勤務日時の調整がしやすく、自分のペースで働けるといった特徴があります。

それぞれのメリット、デメリットを簡単にまとめてみました（図表5・54ページ）。

図表5　医師の主な働き方の比較

	メリット	デメリット
勤務医	・臨床経験を積み、スキルを高めやすい（特に大学病院） ・雇用や収入が安定している ・福利厚生がきちんとしている ・学会への参加などの費用を一部負担してくれる ・患者とのトラブルで医師が直接、矢面に立たされることが少ない　など	・当直やオンコールがあり、いつも忙しい ・勤務先は基本的に医局の人事ローテーションで決まる ・個人的に頑張っても収入が上がりにくい ・会議や事務など診療や研究以外の仕事が多い　など
開業医	・勤務医に比べ、一般的に所得が大幅にアップする ・自分が目指す医療を実践しやすい ・経営者として、介護など他の分野にも事業を広げられる　など	・開業のための資金が必要（親から引き継ぐ場合は別） ・患者を集めるマーケティングなど治療以外の能力が必要 ・軽症の患者も多く、専門的な症例を扱ったり、専門的な知識を深めたりするのが難しいこともある　など
フリーランス	・勤務先や勤務時間、勤務条件などを自分で選ぶことができる ・給与は時間給や日給で、トータルでは勤務医を上回ることが多い ・組織の人間関係に悩まされることがない　など	・医療保険や年金など社会保障は自前でカバーしなければならない ・実力がなかったり、ミスがあったりすると、依頼が減る可能性がある ・自分の代役がいないので決まった仕事を急に休むことが難しい ・診療科によっては専門医資格の維持が難しいことがある　など

※筆者作成

CASE 4

迷える30代は投資デビューのチャンス

キャリアは順調、でも結婚・子育ては？すぐに答えが出ないならお金の準備から

プロフィール
年齢：37歳
所属：公立病院（勤務医）
専門（標榜科）：整形外科

ヒント

・女性医師の30代はキャリアもプライベートも大きな岐路
・医師は自分の身体が資本。リスクヘッジのためにはお金が絶対に必要
・お金や投資は「習うより慣れろ」

医師からよく聞くのは、30代前半までは臨床の経験を積み、専門医の資格も取得し、仕事のやりがいや手ごたえがどんどん増していくということ。なかには、大学院に進んで博士号を取得したり、海外留学のチャンスが巡ってくるといったこともあるでしょう。

しかし30代半ばを過ぎると、大学の医局に残るか、医局を離れて市中病院やクリニックに移るか、あるいはフリーで活動するか、キャリアの岐路を迎えます。

30代。急に襲われた将来への不安

Dさんは30代の初めに専門医の資格を取得。臨床で経験を積み、病院でのポジションは順調にアップしてきました。収入についてもアルバイトを合わせれば、同世代の会社員や公務員よりかなり恵まれています。

忙しい合間を縫って買い物をしたり、休暇には友人と海外旅行をしたり、プライベートも充実。

「でも30代後半に突入すると、これからのキャリアやプライベートをどうするか、10年後の自分はどうなっているのだろうと、不安になってきたんですよ。」

女性にとって特に30代は、結婚や出産のちょうどよいタイミング。40代に差し掛かると高齢出産を意識せざるを得ません。

そういう意味で、女性医師の30代は、キャリアにおいても人生においても大きな岐路なのです。

いろんな選択肢に備えるため、絶対に必要なのが「お金」

さらに最近、Dさんの頭を悩ませているのが、所属する病院の職場環境です。手術の件数は多く、臨床医として経験を積む点ではまったく不満はありません。上司や部下との人間関係も良好。

「ただ、納得いかないような雑用がどんどん増えてきて、時間にしろストレスにしろ、もう限界って感じで……。」

こうして転職や新たな人生設計を考え始めたDさん。ただ、転職するにしても、婚活に本腰を入れるにしても、そこにはリスクが付きまといます。

「医者って結局、自分の身体が資本の仕事であって、もし働けなくなったら、収入は激減しちゃう。それに、勤務先を変えるにしたって、結婚するにしたって、お金のことが付いて回る。お金のことをもっと真剣に考えなきゃいけないと気づいたんです。」

そんなふうに意識が変わると、Dさんにはこれまで見えなかった医師の弱点も見えてきたとか。

ちょっとアルバイトするだけで世間一般をはるかに超える収入が得られるため、金融リテラシーが低い人がすごく多い。入ってきたお金は何気なく食事や買い物に使ってしまい、お金がないならまたアルバイトすればいいやと考え、ほとんど貯蓄が増えていない。

「これじゃいけないと思い、資産運用について調べるなかで出会ったのが不動産投資。先日セミナーに参加して、そのあと思い切って最初の一歩を踏み出しちゃいました。」

資産運用は実践で学んでいくことが大切

Dさんが購入したのは、首都圏の新築ワンルームです。価格は2550万円。頭金10万円と諸費用100万円は自己資金でまかない、あとの2540万円は地銀で35年ローンを組みました。

収支は、ローンの元利返済のため、月々8000円ほどの持ち出しで、年間では10万円弱のマイナス。ただ、初年度は購入諸費用の分で不動産所得が赤字になり、給与所得との損益通算によって、トータルでは44万円の黒字となりました。

「やってみると、融資がすんなり通ったことや、購入後まったく手間が掛からず、仕事に支障をきたさなかったこと、不動産所得と給与所得との損益通算などこれまで知らなかったことだらけ。それでも思い切って一歩踏み出してみて、意外と自分でもできると感じました。次は、1棟マンションを購入するのが目標かな。」

どんなことでも、知識だけではなく実践を通して一人前になっていくはずです。「お金」や「投資」もそれと同じ。基礎知識をマスターすることは大事ですが、ある程度まで来たら、まずは一歩を踏み出し、さらに学びを深めていきましょう。

Dさんの行動は、そのことの大切さを教えてくれています。

幸せになる ポイント

❶ リスクヘッジのための「お金」と「投資」の必要性を認識する

❷ 投資もまずは一歩を踏み出す

CASE 4 解説

医師の年収について

医師の年収は一般的な会社員や公務員よりは多いとされます。ただ、勤務先や職位、診療科などによって差があります。

まず、厚生労働省の「第22回医療経済実態調査（医療機関等調査）報告」による2018年時点での数値です。これを見ると、勤務医のうちでも病院長と医師、および病院のタイプによる違いが分かります。また、一般病院のうちでも医療法人の病院長と一般診療所の院長（開業医）は、確かに勤務医よりかなり収入が高いことが分かるでしょう。

年齢やポジションによっても、年収は大きく異なります。

医学部を卒業し、2年間の初期臨床研修中は、まだ臨床を一人で行えないので年収は400万円前後といわれます。その後、後期研修の専攻医になると、正式な勤務医として病院に勤める場合、年収は700万〜900万円になります。

さらにその後、経験年数やポジションが上がるにつれて年収が上がっていき、おおざっぱな目安として経験10年程度で1000万円程度、部科長クラスになると1500万円程度、院長になると2000万円ほどになります。

その平均額が図表6の「医師」の平均給料というわけです。

ただし、大学の医局に所属している場合は市中病院とは少々異なるようです。

通常、大学の医局のほうが年収は低く、一例として20代後半から30代前半で300万～600万円、講師になると700万円程度、助教授で800万円台、教授で1000万円前後という話もあります。

ただし、これは大学病院から支払われる給料であり、ほかにも関連病院などでのアルバイト等があるので、トータルではもっと多くなるでしょう。

また、市中病院でも公立病院と民間病院（主に医療法人が経営）で差が見られ、一般的には民間病院のほうが病院長も医師（勤務医）も収入は高い傾向があります。これは、民間病院のほうが医師1人あたりが対応する外来患者数・入院患者数が多く、また公立病院は看護師に掛ける人件費が多いためといわれます。

なお、退職金については、勤務する病院それぞれにおいて計算されるのが一般的です。

図表6　職種別常勤職員１人平均給料（年額：給料と賞与の合計額）

	病院長／院長	医師
一般病院（国立）	1918万3299円	1431万9511円
一般病院（公立）	2131万4174円	1513万9401円
一般病院（公的）	2241万4714円	1433万453円
一般病院（社会保険関係法人）	2152万7673円	1469万1907円
一般病院（医療法人）	3042万3424円	1640万7125円
一般診療所（入院診療収益あり）	3467万4106円	1184万1715円
一般診療所（入院診療収益なし）	2698万3129円	1038万3869円

出典：厚生労働省「第22回医療経済実態調査（医療機関等調査）報告」令和元年11月

そのため、病院をローテーションで変わることの多い大学医局に所属する医師は、あまり退職金が期待できません。それに対し、市中病院に長年、勤務した医師はそれなりの退職金が支給されます。

こうした点も、医師の年収を考えるうえでは考慮すべきでしょう。

CASE 5

育児休業を有効に活かす

育休で生まれた隙間を使って お金と投資について学ぶ

プロフィール
年齢：35歳
所属：大学病院（勤務医）
専門（標榜科）：内科

ヒント

- **女性医師にとって産休・育休は以前より取りやすくなっている**
- **育休の隙間は今後の人生設計などを考えるチャンス**
- **職場復帰までの間に「お金」や「投資」に興味をもってみる**

かつて、女性医師が妊娠・出産する場合、周囲の無理解や本人の遠慮もあってか、2～3割もの人が休業したり、退職したりするといわれていました。

また、産休や育休を取得できたとしても、「職場に迷惑が掛かり申し訳ない」「キャリアプランが立てられず不安を感じる」といった声も聞かれました。

でも最近は、多くの医療機関で関連制度の整備が進み、以前に比べると状況は改善されてきているようです。

当直や休日の呼び出しもなく充電中

Eさんは2年前、大学時代の同級生で同じ内科医のご主人と結婚。現在は勤務先の大学病院の現場を育児休業で離れ、しっかり充電されているようです。

「出産は安産でした。育児も主人が協力的なので、今のところ夜泣きや授乳もそれほど大変ではありません。むしろ、毎週の当直や休日の呼び出しもなく、こんなにのんびりしていいいんだろうかというくらい（笑）。」

とはいえ、Eさんも育休を取得するまでにはいろいろあったとか。

病院の幹部から、「女性医師のキャリアには、少しぐらいブランクがあっても大丈夫だろう？」なんて無神経な言葉を浴びせられたとか。でも、そんなくらいでめげるEさんじゃありません。

医師としての仕事は大好きで、専門医の資格取得ももう少し。また、いったん退職すると子どもの保育園探しでかなり不利になってしまいます。だから、何度も自分のやる気と事情をアピール。

結果的に産休のあと、1年間の育休が認められ、今は予定より2カ月ほど前倒しで復帰する予定です。

「復帰に向けて力を入れているのが、専門医の資格取得に向けた準備。それともう一つ、子どもが生まれてから始めたのが投資や資産形成についての勉強です。」

子どもの教育費にいくら掛かるんだろう。そんな不安もあり、Eさんはご主人と話し合い、育児の合間に少しずつオンラインセミナーに参加したりしているんです。

区分ワンルームは不動産投資の理解にもってこい

そしてEさんは先日、実践で学んでみようということで新築の区分ワンルームを1戸購入。

神奈川県内の物件で、価格は2550万円です。資金計画としては、頭金10万円と諸費用100万円は自己資金でまかない、残りの2540万円は地元の地銀で35年ローンを組みました。

収支は月々8000円、年間では9万6000円ほどの持ち出しですが、初年度は購入諸費用の分で不動産所得はマイナスになり、損益通算で60万円ほど税金が戻ってきました。

「不動産投資の収支の仕組みや節税効果、それにレバレッジなどの意味が初めて理解できました。やっぱり、頭で理解するのと、実際に肌で感じるのとは、全然違いますね。」

区分ワンルーム1戸は投資額も少なく、不動産投資の仕組みや特徴を実践的に理解するにはもってこいです。

Eさんは現場に復帰したら、ローンをどんどん繰り上げ返済していくとともに、次の段階に進んで一棟マンションの購入に挑戦する計画も立てています。

これから不動産投資への理解をどんどん深め、着実に資産規模を拡大していくはず。Eさんのように育児休業中の時間に投資の勉強をすることは、とても有益といえるでしょう。

幸せになる
ポイント

❶ **育児休業中はゆっくりしながら、復帰へ向けて英気を養う**

❷ **専門医資格取得の準備などのほか、投資や資産形成についてじっくり勉強する好機**

CASE 5 解説

失敗しない資産運用のステップ

これからの時代、女性医師の方が、キャリアプランや人生設計を考えていくうえで、ぜひ考えていただきたいのが資産運用です。

医師の方たちは一般の会社員や公務員に比べると年収は高いのですから、お金を上手に貯め、増やしていくことで、経済面からキャリアプランや人生設計の選択肢を広げることができるはずです。

ただ、資産運用は思い付きで始めてもうまくいきません。一つひとつ、ステップを踏んで行うことで、効率的で失敗の少ない資産運用が可能になります。

【第1ステップ】収支の把握

最初は、ご自分の収入と支出を把握することです。お金の流れを「見える化」することといってもいいでしょう。

医師の方は日々、忙しく、意外に自分が毎月いくら稼いで、いくら使っているか、分かっていないケースが少なくありません。収入がそれなりに多いので、なんとか回っているからというのが大きな理由です。

しかし、資産運用のためには、そもそも自分の給料がいくらか、そこから税金や社会保険料がどれくらい差し引かれているか、また自分は毎月、何にいくら使っているのかを知る必要があります。その差額が、毎月手元に残るお金です。

具体的には、エクセルで収入と支出の表を作り、収入では勤務先やアルバイト先、支出では家賃、食費、税金や社会保険料などの項目別に金額を打ち込んでいきます。

注意すべきなのは、収入は給与明細や支払い通知で簡単に把握できますが、支出についてはレシートや領収書をとっておかなければなりません。支払いはなるべく現金ではなく、クレジットや電子マネーなど記録が残る方法で行うのがお勧めです。

【第2ステップ】資産運用の目標設定

次は、資産運用の目標を設定することです。例えば、「病院やアルバイトの給料のほか毎月20万円の副収入を確保する」とか「10年後までに5000万円の資産をつくって開業資金に充てる」といったことです。

ここでは、自分がなりたい医師としての将来像やプライベートにおける結婚や出産、子育てといったイメージを思い切り膨らませてください。

そうしたイメージを膨らませることが、資産運用に対するモチベーションにつながります。

また、いろいろな専門家のアドバイスを聞くのもよいでしょう。

【第3ステップ】運用方法の選択

そして、具体的な運用方法を選びます。お金を運用する方法としては、預金、株式、投資信託、FX、仮想通貨、不動産などがあり、またそれぞれ国内と海外の別があります。

自分の目標を達成するためには、どのようにお金を用意し、それをどれくらいのペースで運用していくかによって、どの方法が適切なのか違ってきます。

それぞれ、特徴が異なるので、どの方法が自分の目標に適しているかを少しずつでいいので、調べてみる必要があるでしょう。

ただし、医師の方たちは忙しいので、効率よく情報を集めて判断するには、専門家に相談するのも一つの手です。

なお、こうしたステップは、一直線に進むというより、行きつ戻りつしながら、徐々に取り組むのがいいと思います。

CASE
6

美容クリニックの開業を目指して

開業資金を効率よく貯めるため、不動産投資の収益と節税が強い味方に

プロフィール
年齢：36歳
所属：美容クリニック（勤務医）
専門（標榜科）：美容皮膚科

ヒント

・自分のやりたい医療を実現するには開業は有力な選択肢
・開業を目指すには資金準備を早いうちから

医師にとって、30代はキャリアチェンジの最初のタイミングです。医局でのキャリアに見切りをつけ、将来の開業を目指すのも選択肢の一つです。

大好きな美容皮膚科での開業を目指す！

Fさんはもともと美容に興味があり、後期研修では皮膚科を専攻。専門医資格も取りました。

後期研修の頃はアルバイトで、注入治療専門クリニックでヒアルロン酸やボトックスを手掛けたり、レーザーや高周波など最新の美容マシンでの治療もひととおりマスターしたとか。

そして、30代半ばを迎え自分の将来を考えたとき、そのまま医局でキャリアを積み重ねるより、自分のやりたい美容皮膚科の道を進むことを決断。

「医局にいれば勤務先に困ることはないけど、自分のやりたい美容の世界を究めるなんてとても無理。一度きりの人生だし、自分のやりたいことをやろうという気持ちがどんどん強くなったんです。」

こうしてFさんは医局を離れ、美容皮膚科医として経験をさらに磨くとともに、開業資金を貯めるため、信頼できる院長が経営する美容クリニックに転職することになりました。

目指せ！　年間500万円のキャッシュフロー

「転職先の美容クリニックは業界でも有名なところで、臨床経験を積むにはもってこい。収入も大学病院時代に比べて倍以上に増えました。」

ただ、Fさんが驚いたのは所得税や住民税の税額も大幅に増えたこと。これはいかがなものかと思い、節税しながらもっと効率よく開業資金を貯められないかと考えるようになりました。

そこでFさんの目に留まったのが不動産投資。

目標は、本業での収入には手を付けず、節税分も含めて不動産投資で年間500万円のキャッシュフローを生み出すこと。

医師専門の不動産コンサルティング会社に相談したところ、こんな提案を受けたとか。

・2500万円の新築区分ワンルームマンションを4戸
・2億円の中古1棟マンション（20戸）
・1億円の中古1棟アパート（10戸）

「正直、最初からこれだけの物件を購入するのかとビックリしたんですが、コンサルタントの説明を受けると、なるほど、といった感じですぐに理解できました。」

ひと月あたりのキャッシュフロー（経費や元利金返済などを加味したうえでの単月収益）は、新築区分ワンルームマンションが1戸あたり8000円のマイナス、中古1棟マンションは2つ合わせて24万円のプラス。

また、節税効果の高い中古1棟アパートをもつことで、減価償却費や借入金利子等々を経費として計上できるため、初年度は260万円の節税（所得税の還付、住民税の軽減）となりました。

繰り上げ返済で与信限度額アップ

さらに、Fさんのプランのポイントは、「与信限度額を早期に引き上げる」ということ。そのための具体的な方法が、ローンの繰り上げ返済です。

繰り上げ返済は「毎月の返済額を減らせる」「返済期間を短縮できる」ということのほか、不動産投資が事業として堅調にいっていることを金融機関にアピールでき、追加融資を受けやすくなるというメリットがあります。

こうして新たに得た融資枠で、さらに投資規模を拡大していくのです。

「実際にやってみると、新築区分ワンルームマンションと中古1棟マンション、中古1棟アパートの組み合わせは、節税とキャッシュフローのバランスがよいことを実感しました。それと、空室が出たときストレスを感じるのが嫌なんで、サブリースを利用してますよ。」

ただ、こうした投資物件だりでは、年間500万円というFさんの目標には届きません。そこで今後は、ローンの繰り上げ返済を進めるとともに、物件の買い替えなどポートフォリオの最適化が必要になってきます。

節税効果もずっと続くものではないため、そういった意味でも買い替えのタイミングを考慮すべき。

「買った時より高く売れると、その利益に税金が掛かるんですが、所有していた期間によって税率が倍ほど違うということを最近、知って驚きました。目標に向かって、いろいろ相談することが大切かなと感じています！」

Fさんが少しでも早く理想とする美容クリニックを開業するため、不動産投資がきっと役立つはずです。

幸せになる
ポイント

❶ 自分のやりたい医療を実現できるキャリアを考えてみる

❷ 開業のための資金準備には不動産投資も上手に利用する

CASE 6 解説

資産運用の方法（1）　株式投資と投資信託

【解説5】で少し触れたように、資産運用にはいろいろな方法があります。そのうち、最も代表的なのが、株式投資と投資信託でしょう。

それぞれの、メリットとデメリットを整理してみます。

【株式投資】

株式投資とは、上場している株式会社の株式を購入することです。上場企業の株式をもっていると、配当金の支払いを受けたり、株主優待を受けられたりします。また、その企業の業績が上がったり、景気全体が上向いたりすると、買ったときより株価が上がり、売却すれば売却益が得られます。

また、株価は物価に連動する傾向があり、預金や現金で運用するのに比べ、インフレに強いのも株式投資のメリットです。

一方、株式投資にはデメリットもあります。

企業業績が低迷したり、景気の悪化やリーマンショックのような金融危機があったりすると、株価が大幅に下がります。万が一、投資先の企業が倒産すれば、無価値になることもあり得ます。

また、株価は月曜日から金曜日まで毎日、株式市場での取引によって動きます。その動きを逐一、追い掛けるのは多忙な医師の方たちには難しいでしょう。所有している株式の株価が上がればうれしいですが、どんどん下がれば不安になり、気分が落ち込んで仕事が手に付かなくなったりします。医師として仕事をしながら、株式投資に詳しい方もいらっしゃいますが、例外的です。

結論からいえば、株式投資は資産運用の方法として、医師の方たちには向いていないと思います。

【投資信託】

投資信託とは、幅広く投資家から資金を集め、それを金融のプロが株式や債券などに投資して運用する金融商品です。運用によるリターンは、手数料等を差し引いてそれぞれの投資額に応じて分配されます。

投資する株式や債券はプロが選び、売買のタイミングもプロが判断して行います。投資家としてはいちいち投資対象を選んだり、相場の動きを追い掛ける必要がありません。

また、少額の資金で始められるのも投資信託のメリットです。株式投資（個別銘柄）はある程度、まとまった資金が必要ですが、投資信託では1口1万円からでも始められます。

ただし、投資信託もやはり、運用成績は市場の動向に左右され、マイナスになることもあります。また、個別の株式投資に比べて、購入時や保有期間中、一定の手数料が掛かることが多く、その分、実質リターンは下がります。

株式投資よりは多少、リスクや手間の点でましかもしれませんが、投資信託も医師の方たちに向いた運用方法とはいいにくいのです。

CASE 7

フリーランスはリスクヘッジが大事

フリーランスとして活躍するため将来の資産を担保する

プロフィール
年齢：40歳
所属：フリーランス
専門（標榜科）：産業医

ヒント

・アルバイトのほか、フリーランスという働き方もある
・勤務時間がコントロールしやすく、高い収入を得ることも可能
・一方で、リスクヘッジとして将来の資産を担保する

医師の新しいキャリアとして近頃、がぜん注目度アップなのがフリーランス。人気テレビドラマの主人公にもなっていたりしていますよね。

医局や市中病院、クリニックなどに属さず、ただのアルバイトとも違って、特定領域のプロとしていろいろな施設から定期的に、あるいは単発で業務を請け負うという新時代の働き方です。

力量次第では勤務医よりはるかに高い収入をゲット

フリーランスは勤務時間のコントロールがしやすく、また勤務医よりはるか

に高い収入を得ることも可能。
その一方、仕事を見つけられるかどうかは腕次第。社会保障はすべて自前で、福利厚生などなし。それなりの自信と勇気がないと、難しい選択かもしれません。

Gさんはその自信と勇気をもって、フリーランスの道を3年前に選択した女性医師です。
もともとは医学部を卒業後、出身大学の医局に所属し、関連病院にいくつか勤務したそうです。

「あの頃は朝早くから夜遅くまで働いても、休日に何度となく患者の容態急変で呼び出されても、毎月の給与は額面20万円ほど……。なけなしの貯金は減っていくし、身体はクタクタ、気持ちもすり減るばかりだったなぁ。」

そんなGさん。先行きに漠然とした不安を感じつつ、ネットで割の良いバイトを探していたところ、たまたま見つけたのが「産業医」の仕事でした。

勤務医の年収超えで決断したフリーランスへの転身

「産業医」は企業と顧問契約を結んで、専門的な立場から従業員の健康確保のため、いろいろアドバイスを行うのが役目。

２０１５年には法律で、労働者が50人以上の事業場ではストレスチェックの実施が義務化されました。そのため、多くの企業で産業医のニーズが高まっています。

「産業医と聞くと、会社相手で大変そうとか、臨床と違い過ぎるといった印象をもつドクターもいるみたい。でも、私としては時間の調整がしやすいし、いろいろな会社を知ることができてすごく面白い。」

Gさんによれば、産業医にとっていちばん大切なのは、人の話を聞くのが好きだということ。医師としての技術はもちろんのこと、コミュニケーション能力が求められるそうです。

「私の場合、いつもカジュアルめな服を着て、〝いつでも相談に乗りますよ〟オーラ全開でやっています（笑）。」

もともとGさん、父が中堅企業の役員を務めていたので、企業相手の産業医はなじみやすかったそうです。

初めはアルバイト感覚で産業医の仕事をこなしていたものの、顧問先がどんどん増えてきて、そのうち勤務医としての収入をはるかに超えるように。

そこで、フリーランスになる決断をしたそうです。

なんでこんなに税金が増えるの？

フリーランスの産業医として、収入は勤務医時代と比べて大幅にアップした

Gさん。複数の顧問先から所得を得ているので、毎年、自分で所得税の確定申告が必要になります。所得税は超過累進課税のため、課税所得が増えるにつれて、適用される税率がアップ。

こうして収入が増えるにつれ税金のことが気になってきました。

「収入が増えてもその分、税金も多くなって、思ったほど手元に残らない……。節税する方法がないか、いろいろ調べてみて興味をもったのが不動産投資なんです。」

とはいえ、不動産投資の知識などほとんどなかったGさんは、ファイナンシャルプランナーや税理士、IFA（Independent Financial Advisor）など何人かの専門家にアプローチしてみて選んだのが、医師専門の不動産投資コンサルタントでした。

Gさんの貯蓄や年収を踏まえて提案されたプランは、節税効果が高く、キャッシュフローも確保しやすい中古一棟マンションを2つ購入するというもの。価格は約2億円と約1億5000万円です。

資金計画としては、それぞれ頭金500万円と購入諸費用1000万円は自己資金を充て、その他は銀行借入でまかなうことに。

諸経費やローンの元利金返済後、毎年の手残りは500万円。そのほか、減価償却を中心に不動産所得の赤字で初年度は175万円、2年目以降も約100万円の節税効果が見込めます。

「もともとは節税目的で始めた不動産投資ですが、本業のほかに副収入ができて、フリーランスの不安定さがカバーされるメリットが実は大きい。心理的な安心感が生まれ、産業医の仕事に以前よりもっと打ち込めています。」

不動産投資によって生まれた副収入が安心を生み、Gさんの新しいキャリアを後押ししているようですね。

幸せになる
ポイント

❶ 医師のキャリアを考えるうえで、時代の変化に敏感になることは大事

❷ フリーランスとして、不動産投資により将来の安心をつくる

CASE 7 解説

資産運用の方法（2）　外貨系と暗号資産

資産運用の方法として、近年、注目を集めているのが外貨預金やFXといった外貨系と、ビットコインに代表される暗号資産です。

これらについて、簡単に特徴を整理しておきます。

【外貨預金】

外貨系の資産運用として最も一般的なのが、外貨預金です。米ドル、豪ドル、カナダドルなど先進国通貨のほか、トルコ（リラ）、南アフリカ（ランド）といった新興国通貨もあります。

外貨預金の最大の魅力は、金利の高さです。国内での円の預金はほぼゼロ金利で、まったくといっていいほど利息が付きません。それに比べると、外貨預金は数十倍もの金利が付きます。

ただし、外貨預金の最大の問題は、為替リスクです。預金したときの為替レートがそのままであれば、高い金利を受け取ることができます。しかし、預金したときより円高に為替レートが振れると、金利をプラスしても円に戻す際、損失が発生する可能性があります。

また、外貨預金では、預金時に日本円を外貨に換える際、その後、満期になって外貨を日本円に戻す際、それぞれ為替手数料が掛かります。これがかなり高いため、せっかくの外貨預金の高金利が大幅に目減りしてしまいます。

多くの銀行は今も外貨預金キャンペーンをよく行っていますが、通常の円建ての預金に比べてリスクが高い点には注意が必要です。

【FX】

FXとは「Foreign Exchange」の略称で、本来は海外旅行に行って日本円を現地通貨に両替することなどを指しますが、投資においては「外国為替証拠金取引」を意味します。

外国為替証拠金取引とは、証券会社などを相手に、一定の証拠金を預け、最大で証拠金の25倍までの外貨取引を行い、為替レートの変動によって利益を狙うものです。

実際には通貨の受け渡しは行わず、将来のどこかで反対売買により、為替レートの差額の受け渡しのみで決済します。

ＦＸでの通貨の組み合わせは円とドルが代表的ですが、そのほかにもいろいろな組み合わせが可能です。そして、ＦＸの大きな特徴は、証拠金の最大25倍までの取引が行えるため、比較的少額でも大きなリターンを狙えることです。また、外国為替取引は月曜の朝から金曜の深夜まで、平日であれば24時間行われているので、自分の都合のよいタイミングで行えるということもあります。

しかし、ＦＸは株式や投資信託以上に少額の資金で大きなリターンを狙える一方、場合によっては大きな損失を被る可能性もあります。平日は深夜でも為替レートは大きく動いており、忙しい医師の方たちには株式投資と同じように向いていないと思います。ＦＸは投資というよりは、投機に近いといってもいいでしょう。

【暗号資産】

ここ数年、投資の世界で大きな話題になっているのが「暗号資産」です。億単位の利益を得た個人投資家も現れ、「億り人」と呼ばれたりしています。

日本銀行のホームページでは、次のように説明しています。

「暗号資産（仮想通貨）」とは、インターネット上でやりとりできる財産的価値であり、「資金決済に関する法律」において、次の性質をもつものと定義されています。

（1）不特定の者に対して、代金の支払い等に使用でき、かつ、法定通貨（日本円や米国ドル等）と相互に交換できる

（2）電子的に記録され、移転できる

（3）法定通貨または法定通貨建ての資産（プリペイドカード等）ではない

代表的な暗号資産には、ビットコインやイーサリアムなどがあります。

暗号資産は、銀行等の第三者を介することなく、財産的価値をやり取りすることが可能な仕組みとして、高い注目を集めました。

一般に、暗号資産は、「交換所」や「取引所」と呼ばれる事業者（暗号資産交換業者）から入手・換金することができます。暗号資産交換業は、金融庁・財務局の登録を受けた事業者のみが行うことができます。

暗号資産は、国家やその中央銀行によって発行された、法定通貨ではありません。ま

た、裏付け資産をもっていないことなどから、利用者の需給関係などのさまざまな要因によって、暗号資産の価格が大きく変動する傾向にある点には注意が必要です。

また、暗号資産に関する詐欺などの事例も数多く報告されていますので、注意が必要です。詳しくは、金融庁・消費者庁・警察庁による「暗号資産に関するトラブルにご注意ください！」をご覧ください。

暗号資産は、資産運用の方法というより、一種のギャンブルといっていいと思います。

CASE 8

クリニックの承継を成功させるための条件

開業医としての経営センスを不動産投資で磨く

プロフィール
年齢：39歳
所属：開業医（クリニック経営）
専門（標榜科）：内科・肛門外科・皮膚科・泌尿器科・糖尿病内科

ヒント

・親のクリニック承継は、キャリアの一つの選択肢
・クリニックでは専門性よりコミュニケーション能力が大事
・これからは競争も激しく、経営センスを磨くべき

女性医師のなかには、親が医師、それも開業医というケースが結構あります。その場合、ある程度の年齢になると、親のクリニックを継ぐかどうかという選択肢が出てきます。

不安だった内科専門医からの転身

東京都内でクリニックを経営しているHさんは、2年間の臨床研修ののち、大学病院に10年ほど勤務していました。

ところが、3年前にクリニックを経営していた父が病に倒れ、リタイア。突然、その跡を継ぐことになりました。

「外科医だった父は、40年ほど前、下町といわれるエリアでこのクリニックを開きました。職人さんが多いところで、毎日のようにケガをして来る患者たちがいて、そういう人からとても頼りにされ、感謝されている父の姿を私も小さい頃から見てきました。ですから、父の跡を継ぐと決めたのはごく自然な流れでしたね。」

とはいえ、Hさんの専門は内科、それも糖尿病など生活習慣病の治療に長年携わっていて、外科での経験が乏しいことには当初、不安がありました。

「でも、いざ診療の現場に立ってみると、開業医は勤務医と違って、専門性ではなくて対応力が勝負なんだと分かってきました。標榜科以外の患者もちょょく来られて、専門領域でなくても丁寧に向き合っていけば大丈夫だと……。もし、『この病気は当院では診られません』なんて言ったら、あっという間に『あそこは親切じゃない』といった噂が広がっちゃう。その点、私はもともと人と話をするのが好きなので、『なんとかやっていける』という確信が生まれました。」

一方、Hさんにとって意外だったのは、思った以上に患者が少ないということ。

住民の高齢化が進むなかで周辺にはクリニックが増えていて、最近は医師会に所属しない医院も。患者の取り合いのようなことも起こっているそうです。

「付き合いのあるMRやMSの人たちから聞いた話によると、最新の診断装置を導入したので、職員にノルマを課しているなんてこともあるそうです。これからの時代、医師は診療だけを一生懸命やっていればそれでよし、とはいかないんだなと感じます。

その点、うちのクリニックは私に代わってから女性の患者が目立って増えています。開業医で女医の数はまだまだ少ないので、女性の患者を大切にしていきたいですね。」

Hさんはほかにも、患者に気持ちよく来院してもらうため、待合室をリフォームして明るい吹き抜けにしたり、エントランスなどを完全バリアフリーにしたり、経営者としての経験を積んでいます。

トラブルを乗り越え不動産投資をスタート

そんなHさんが不動産投資をスタートさせたのは、ちょうど父のクリニックを引き継ぐ話が進んでいたときのこと。

たまたま医師向けの不動産投資についての書籍を見つけて読んでみて、私にもできるかな？と思ったのがきっかけ。その後、もっと詳しい話を聞きたいと、医師専門の不動産コンサルタント会社へ。

「父が病気で倒れたのを見て、私自身いつ働けなくなるか分からないなと思い、将来への不安が芽生えていたんでしょうね。

開業医は経営者ですが、勤務医と比べると働けなくなったときの保障はないも同然。それに、内科の自分が外科のクリニックを継ぐことについての不安もありました。

将来のために本業以外の収入源を確保したり、貯金だけじゃなくてもっと効率よく資産形成したいっていう気持ちがあったんだと思います。」

さらにHさんは当時、アルバイト先でトラブルに巻き込まれていました。大学病院に勤めていたとき、病院の給与だけではゆとりある生活にはほど遠く、アルバイトをしていたのはよくある話。

ただ、そこから先がちょっとブラックなんです。

ある個人医院に院長として週1回勤務することになったのですが、Hさんの知らないところで高額な機器のリースがHさん名義で契約されており、気がついたらリース会社から督促状が届いたり、クレジットカードの更新ができなくなったりしたのです。おまけに給与も未払いで1年間ただ働き、職員からは集団訴訟を起こされたりもしていました。

「その直後に父が病気で倒れ、クリニックの経営を引き継ぐなど、悪い連鎖が重なり、思い悩むことが多かったですね。
振り返ってみると、私自身、社会のことを知らなさ過ぎたことを反省。本業（勤務医）がありながら、割のいいアルバイトも簡単にできる職業って、そんなにないでしょ。恵まれた環境にいることに気づかず、おまけに契約にまつわる法律上のリスクといった知識もなかったので、ある意味、いい勉強になりました。」

Hさんは、こうしたトラブルがあったので、すぐ不動産投資を始められるとは思っていなかったとか。確かに、医師であっても信用情報は重要です。
しかし、Hさんの場合、銀行側の信用情報に間違いがあり、弁護士なども使って信用情報を更新してもらうことで問題をクリア。さらにHさんには、それまで勤務医時代にコツコツと蓄えてきた貯金もそれなりにありました。

「意外に話はトントン拍子で進み、都内の新築区分ワンルームを購入することができました。

それに、物件選定から、購入の手続き、賃借人の募集や管理まで、コンサルタントがサポートしてくれたので、クリニックの引き継ぎなどに全力投球することができて大助かり。

クリニック経営もそうだけど、今の時代、なんでもトライ&エラーでやってみて、経験値を高めることが必要だなとつくづく思います。」

将来、クリニックの土地を活かした建て替えなども

経営においてHさんの気掛かりは、地元周辺での医療機関同士の競争が激しくなっていること。先行きは楽観できません。

将来への不安を少しでも抑えるため、Hさんは区分ワンルームから不動産投資を始めたわけですが、不動産投資の手法はとても幅広く、さまざまなパターンがあります。

「最近、興味があるのは、経営しているクリニックの建て替え。土地の広さに対して、現在の建物は小ぶりでかなり余裕があります。これを規模の大きなビルに建て替えて、1階をクリニック、2階以上を賃貸マンションにするといったことができないか考えています。

あるいは、クリニックの経営と連動させる形で、一人暮らしになったり、体力が衰えたりした高齢者の方向けにサ高住（サービス付き高齢者向け住宅）を設けるといったことも考えられるんじゃないかな。

不動産投資はいわば賃貸業の経営者になること。不動産投資を通じて、経営視点を磨いていきたいと思っています。」

地域での医療提供に全力で取り組むのはもちろんのこと、社会の変化に応じた新しいサービスを生み出そうと挑戦するHさん。今後の活躍が期待されます。

幸せになる
ポイント

❶ 開業医として地域に貢献することも医師の大きなやりがい

❷ 不動産投資で経営センスを磨く

CASE 8 解説

資産運用の方法（3）　不動産投資

医師の方たちが資産運用を考えた際、最もお勧めなのが不動産投資であると私たちは考えています。不動産投資とはその名のとおり、不動産（土地や建物）を購入し、そこから利益を得る資産運用法の一つです。

土地には、建物の敷地になっている土地のほか駐車場や農地、山林、借地権などもあります。建物としては、一戸建て、アパート、マンション、オフィスビル、倉庫（物流センター）などがあり、マンションやオフィスビルについては1棟（建物全体）だけでなく区分所有といって住戸単位やフロア単位で売買される権利もあります。

不動産投資の基本的な仕組みは、購入した土地や建物を第三者に貸し出し、地代や賃料を毎月受け取ることです（図表7）。これを「インカムゲイン」といいます。

不動産投資ではもう一つ、購入してから一定期間が経ったあと、購入時より高く売却することで利益を得ることも可能です。これを「キャピタルゲイン」といいます。ただし、購入時より安く売却せざるを得ないこともあり、その場合はキャピタルロスが発生

図表7　不動産投資の仕組み

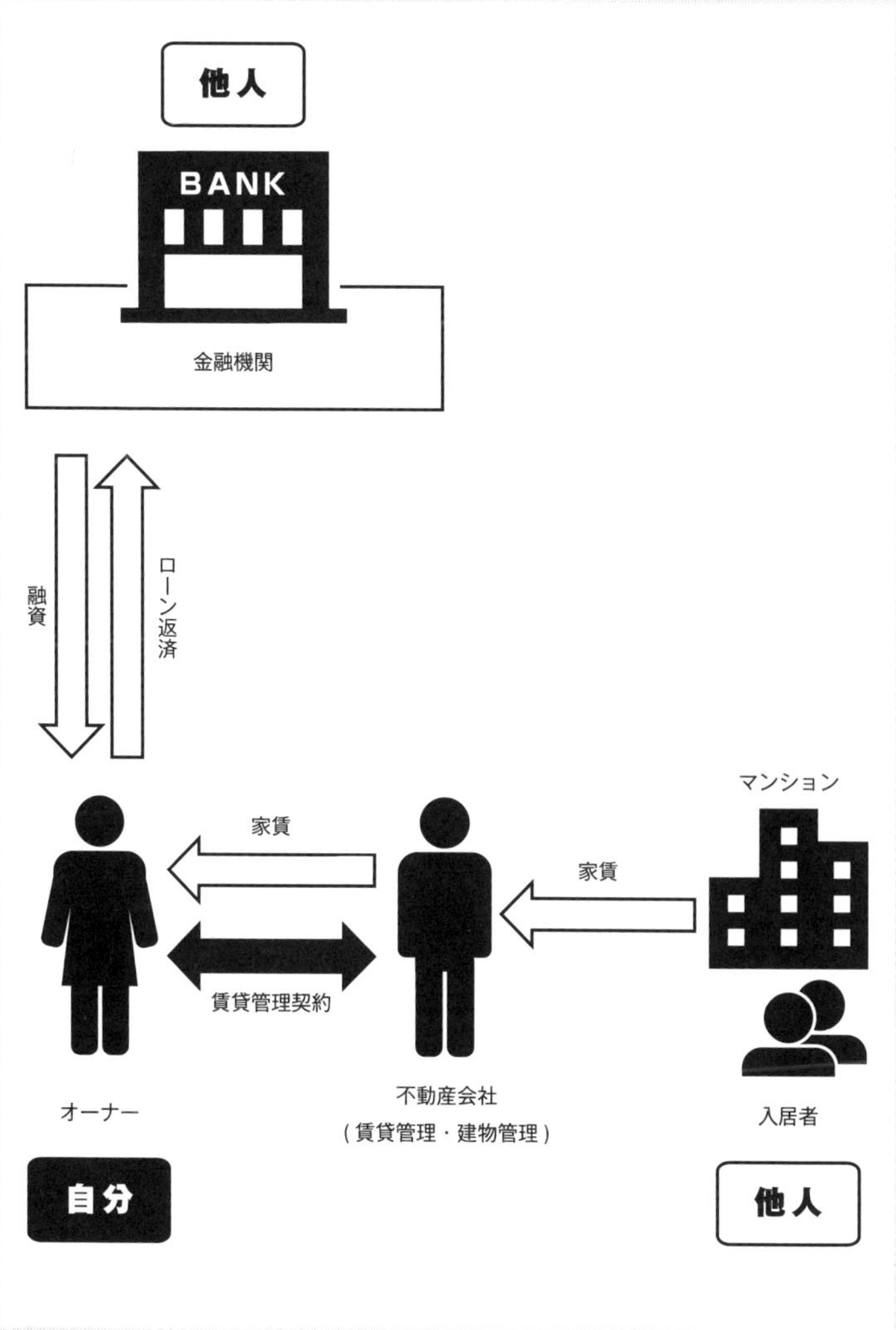

図表8　主な投資対象のリスクとリターンの関係

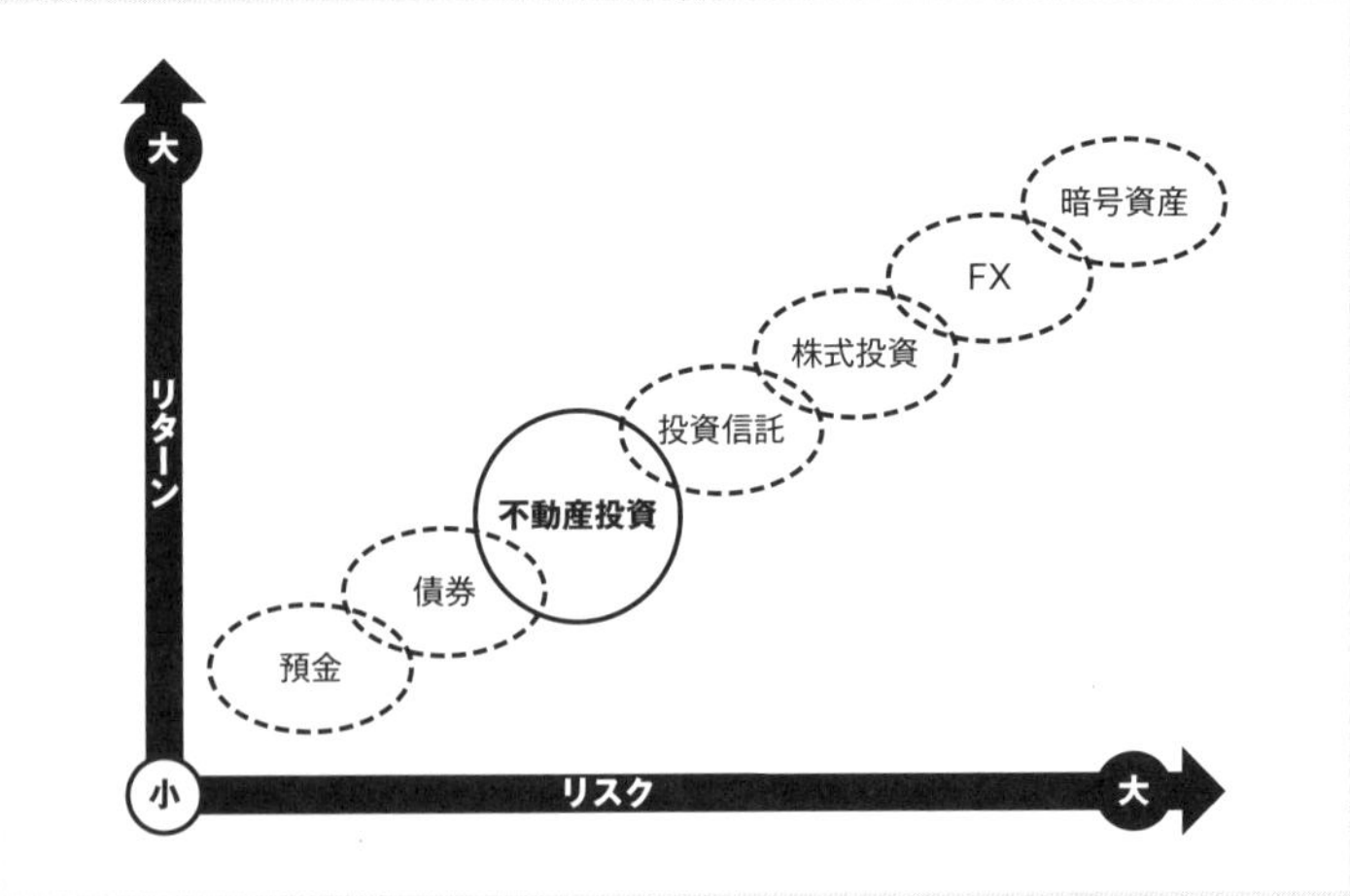

します。

不動産投資の大きな特徴は、銀行からの融資（借入）という他人のお金を利用できるということです。これを「レバレッジ」（てこの原理）といいます。自己資金がそれほどなくても、他人のお金を利用して、大きな投資を行い、その分、リターンも大きくすることができるということです。

株式投資での信用売買（最大約3・3倍）やFX（最大25倍）も一定のレバレッジを使えますが、不動産投資ではその比率がより柔軟です。個別の案件で異なりますが、極端な場合、自己資金が1％、融資が99％ということもあり得ます。

もちろん、融資には金利が掛かり、返済が必要です。ただ、融資の金利より購入した物件の正味のリターンのほうが高ければ、その差分が利益となります。つまり、不動産投資では、他人のお金（銀行からの借入）を使って不動産を所有し、他人（入居者）が払ってくれる賃料でその借入金を返済していくという仕組みを構築することができます。これが不動産投資の大きな特徴なのです。

不動産投資のもう一つの特徴は、土地や建物を貸して得られる賃料は、それほど大きく変動しないということです。アパートやマンションの場合、賃貸借契約の期間は一般に2年であり、その間、賃料は基本的に変わりません。

それに、不動産は一つひとつが異なり、それほど短期間に何度も売買されるわけではありません。価格の変動も非常に緩やかで、安定しています。こうしたことから、資産運用の方法として、不動産投資は「ミドルリスク・ミドルリターン」といわれ、どちらかというと中長期的なスタンスで、じっくり取り組むものとされているのです。

主な資産運用の方法におけるリスクとリターンの関係は、図表8のようになります。

CASE 9

出産や病気があっても大丈夫

自分のペースでキャリアを歩むには不動産投資による副収入が役立つ

プロフィール
年齢：37歳
所属：大学病院（勤務医）
専門（標榜科）：皮膚科

ヒント

・時間があるときは、お金と投資を学ぶチャンス
・不動産投資による副収入があればキャリアの選択肢が増える

結婚した女性医師がキャリアを考えるうえで、大きなポイントになるのが出産と育児。周囲の理解や家族の支援のほか、副収入があれば乗り越えやすくなるはずです。

仕事と育児の折り合いをつける

皮膚科医のIさんは初期臨床研修が終わったタイミングで、会社員の男性と結婚。

「ちょうど同じ頃、同じ医局の先輩の女性医師もたまたま結婚して産休に入ったんですが、まわりの反応を見てびっくり。正直、出産は専門医資格を取ってからにしようと思いました。」

後期研修に進むと当直や呼び出しもあるハードな勤務でしたが、ご主人は文句も言わず応援してくれて助かったそうです。

ところが、後期研修が残りあと1年という頃、思いがけず妊娠。夫婦とも近くに頼れる親兄弟はおらず、手術も多い病院だったので働き続けることを断念。いったん休業することに。

そして、子どもが生後8カ月になった段階で、別の病院の皮膚科外来に常勤医として復帰しました。

「そこは院内保育園があってやれると思ったんですが、子どもが次々と病気にかかり、毎日のように呼び出しを受けるように。

しかも、皮膚科の常勤医は私一人で、1日100人近い外来患者に対応しなければならず、結局、自分の体調も損ねてしまいました。」

キャリアを中断したくないと常勤にこだわって復帰したＩさんですが、このままでは何もかもがうまく行かなくなると判断し、1年で非常勤に変わりました。

尊敬する先輩に勧められ不動産投資に挑戦

そんな時、Ｉさんが出会ったのが不動産投資。きっかけは、信頼する先輩の女性医師の話を聞いたことでした。

「その先輩も結婚、出産を経て、今は常勤医として第一線でばりばり働いています。私が真似したいなと思ったのは、非常勤やアルバイトを中心に仕事をこなしていた子育て中に投資や資産形成の勉強を始めて、まずは新築の区分ワンルームを1戸、購入したこと。そこから次第に物件数を増やしていき、安定した副収入を確保しているんです。

そのため、勤務先の病院を探すにしても、自分の働きやすい条件に妥協せず、じっくり探せると言っていました。私もぜひ、そうなりたいと思ったんです。」

こうしてIさんは3年ほど前、新築の区分ワンルームを1戸、購入しました。融資の元利金返済や諸費用を差し引くと、毎月数千円の持ち出しになっていますが、融資とセットになっている団体信用生命保険による保険料だと思えば、さほど負担には感じないそうです。

また、立地が良いので入居者の確保は問題なく、建物の修繕費などもほとんど発生しません。

今後はもう1～2戸、区分ワンルームを買い増すとともに、キャッシュフローを確保しやすい中古マンションを1棟、購入する計画を進めているところ。

これからも不動産投資について一歩ずつ、実践と理解を積み重ねながら、安定した副収入を確保。

きっと、育児と仕事を両立させやすい働き方を見つけることができるはずです。

幸せになる
ポイント

❶ 出産や育児などで休業したり短時間勤務になったときは、お金や投資を勉強するチャンス

❷ 不動産投資は一歩ずつ実践と理解を積み重ねることで、安定した副収入を実現できる

CASE 9 解説

賃貸用不動産を購入する際の手続き

不動産投資を始めるに当たっての流れを確認しておきます。おおむね、次のような手続きを踏みます。

①情報収集

自分の目的等に応じて、インターネットや不動産会社の店舗などで区分ワンルームや1棟マンションなどの物件情報を集めます。まずはいろいろな物件情報を見て、相場観やエリアごとの傾向などをつかむとよいでしょう。

②問い合わせ・資料請求

気になる物件があれば、不動産会社に問い合わせて、物件概要など詳しい資料を請求します。

なお、賃貸用不動産の場合、周辺の賃料相場と募集賃料、中古の場合は空室率や固定資産税などを確認し、利回りもチェックすることが重要です。

③現地調査・内覧

検討をさらに進めるため、現地調査を行います。最寄り駅から歩いてみて周辺環境を確認し、建物の外観はもちろん空室の場合は室内も見ます。

ただし、マイホームと賃貸用不動産では購入目的が違います。あまり自分の好みや印象にこだわらないようにします。

④買付申込

購入の意思が固まれば、不動産会社に買付申込書を提出します。買付申込書には、物件の名称・所在地などの概要、買付希望価格、支払方法、手付金の金額、有効期限などを記載します。指値（値引き）交渉やローン特約（融資が下りなかった場合は契約を白紙撤回する取り決め）などの希望があれば、あわせて記載します。

ただし、買付申込書の提出はあくまで購入の意思表示であり、売主と優先的に交渉するための手続きです。法的な拘束力はなくキャンセルは可能ですが、あまり安易なキャンセルは信用を失うことにつながりかねません。

⑤金融機関への融資打診

物件購入に当たって融資（ローン）を利用する場合、⑥売買契約を結ぶ前に、金融機関に融資の相談（打診）を行います。打診する金融機関は自分で探してもよいのですが、不動産会社の紹介によるケースも少なくありません。

相談に行く際は、物件概要やご自身の源泉徴収票などの資料を用意していくと、その後の手続きがスムーズです。事前に金融機関の担当者にどんな資料を持っていけばいいか、確認しておきます。

なお、この段階ではまだ融資を受けられるかどうかは確定していません。複数の金融機関に同時並行で打診するのがよいでしょう。

⑥売買契約

売主との交渉がまとまり、融資の事前審査でもＯＫが出たら、物件の売買契約を結びます。

不動産の売買契約では通常、契約前に宅地建物取引士による重要事項説明が、売買契約の当日、売買契約に先立って行われます。物件や取引条件に関して、法律で定められた一定の重要な事項について書面を基に説明を受けるのです。

問題がなければそのまま、売買契約書に売主、買主が署名・捺印し、買主は手付金を支払います。手付金は売買価格の5～10％が目安とされていますが、基本的には売主と買主の合意によります。

なお、全額キャッシュでの購入でない限り、買主側としてはローン特約を付けます。ローン特約がないと、融資が承認されなかったことを理由に契約を解除するには、手付金を放棄しなければならなくなります。

事前審査ではOKが出ていても、その後、融資が認められないケースもあるので、注意しなければなりません。

⑦金融機関との金銭消費貸借契約

売買契約を結ぶとすぐ、金融機関に融資の本審査を申し込みます。本審査の結果が出るまで2週間ほどかかるのが一般的です。

本審査が通ったら、金融機関との間で金銭消費貸借契約（ローン契約）を結び、同時に団体信用生命保険の申し込みや抵当権設定契約なども結びます。

なお、実際に融資が下りるのは、次の⑧決済・引き渡しの時です。

⑧ 決済・引き渡し

通常、売買契約から1カ月以内をめどに、すでに支払った手付金以外の残金と各種諸費用の支払い、購入する物件の登記変更のための書類や鍵の受け渡しなどの手続きを行います。

この決済・引き渡しの手続きは、融資を受ける金融機関の店舗で行われるのが一般的です。当日は、売主、買主、不動産会社の担当者、金融機関の担当者、登記手続きを行う司法書士などが出席します。

決済・引き渡しののち、登記簿上での所有権が買主に移ることで、一連の手続きは終了です。

CASE 10

医局を離れ第二のキャリアへ

副収入で安心が担保され、フリーの麻酔科医として躍進

プロフィール
年齢：52歳
所属：フリーランス
専門（標榜科）：麻酔科

ヒント

・医局との関係は医師のキャリアを考えるうえで最も大きな変数
・医局を離れる不安を軽減するには、不動産投資が役立つ

今でも多くの医師は初期研修を終えたのち、大学の医局に所属します。医局にいれば仕事や勤務先の心配はあまりしなくてよく、医師としての経験や知識を磨けるメリットもあります。

しかし、30代から40代になると、いろいろな理由で医局を離れるケースが増えてきます。

長年、医局で頑張って講師になったものの……

「バブルが崩壊した1990年代の初めに医学部を卒業し、当たり前のように卒業した医大の付属病院に研修医として就職しました。

当時、新人の給与は月15万円ほど。勤務時間は、1日15時間以上、月の休みも1回あるかないかというのが普通でした。」

そう語るJさんは、医局でキャリアを積み重ねてきた麻酔科の女性医師です。研修医時代から、関連の救急指定病院などに一人で当直のアルバイトに出掛け、生活費をカバー。大変な思いもしましたが、年数を重ねるにつれ収入や待遇は良くなり、医師として成長している実感があったそうです。

専門医の資格を取ったあとは大学院に進んで博士号を取得、30代半ばで医学部講師のポストまでたどり着きました。

ところが、そこで環境が大きく変わる事態に。2004年に新しい研修医制度が始まり、新人医師はまず2年間、特定の医局に属さず、いろいろな診療科をローテーションして初期臨床研修を積むことが義務付けられたのです。

もちろん、出身大学の付属病院で初期臨床研修を積んでもいいのですが、大学病院以外の特に都市部の市中病院で研修するケースが増え、新人医師がほとんど入ってこなくなる大学病院も。

新人医師が入ってこなくなると、関連病院への医師の紹介・派遣など医局の運営は難しくなります。そのしわ寄せは中堅クラスの医師にのし掛かり、医局を去るケースも出てきました。

退職を公表したら依頼が殺到

「私も数年は頑張っていたのですが、このままでは先が見えないという想いがつのり、教授に辞表を出しました。

しばらくは出張麻酔のアルバイトでもしながら、ゆっくり次の病院を探そうと考えていたんです。ところが、退職の連絡をあちこちにしていたら、2～3カ月先まで依頼が殺到。正直、驚くとともに、これならフリーランスとしてやっていける、って確信しました。」

麻酔科の場合、基本的に手術ごとに仕事が完結し、設備や器具も自前で用意する必要はなく、医局を辞めた翌日からでもフリーランスとして働くことが可能です。

一方、フリーランスには当然、デメリットもあります。雇用は不安定であり、病気やケガで休めば無収入になってしまいます。また、仕事が来るかどうかは腕次第。評価されれば好条件のオファーが次々やって来ますが、評価が低ければ依頼も途切れがち。なかには勤務医に戻るケースもあるようです。

腕一本で稼ぐ不安定さをカバーする不動産投資

Jさんの場合、予想以上に依頼が殺到し、収入も大幅にアップしたことはいうまでもありません。しかし、フリーランスには先に述べたようなデメリットもあります。そこでJさんは、医師として働く以外に収入を得るため、投資についての勉強を始めました。その結果、フリーランスで高収入の医師にとって、最もメリットがあるのが不動産投資であるという結論に達したのです。

「そもそも医師は社会的評価が高く、銀行からの融資が受けやすい。私の場合、都心に区分ワンルームを5戸、地方に中古1棟マンションを2棟、購入しました。そのキャッシュフローは年間360万円ほど。フリーランスとしての仕事とは別の安定収入があるというのは、心理的にはすごく大きい。

それに、入居者の募集とか実際の運営管理は不動産会社に任せておけば、ほとんど手間が掛からないし、減価償却による不動産所得の赤字によって、所得税などの節税効果も期待できる。将来は年金代わりとしても期待しています。」

Jさんは今後、借入残高とキャッシュフロー、節税効果のバランスを見ながら、さらに保有物件を増やしていく予定です。

幸せになるポイント

❶ 医局で頑張ってきたことが医局を離れてからも役立つ

❷ フリーになるなら本業以外の安定した収入をもつ

CASE 10 解説

賃貸用不動産の物件種別

賃貸用不動産といっても、具体的に物件にはいろいろな種類があり、それぞれメリット、デメリットがあります。

主な賃貸用不動産の物件種別について、「医師の不動産投資」という視点で整理します。

【アパートとマンション】

賃貸用不動産で代表的なのが、アパートとマンションです。

一般的に、アパートは木造または軽量鉄骨造で、2階程度までの建物を指します。

一方、マンションは基本的に鉄筋コンクリート造で、低層のケースもありますが、一般的には中層から高層の建物です。

こうした構造の違いによって、遮音性や耐久性、防火性など、建物としての性能は基本的にアパートよりマンションのほうが高く、そのため賃料水準も高い傾向があります。

また、マンションのほうが物件の耐用年数が長く、減価償却費などにも影響してきます。

さらに、次に触れますが、賃貸用不動産としてアパートは1棟まとめて土地と建物が売買されます。それに対してマンションの場合、1棟で売買するケースと、1住戸単位で売買するケースがあります。マンションは1住戸単位で「区分所有権」という権利が成立し、その権利を売買するものです。

投資金額の順でいうと、マンションの1住戸（区分）が最も少なく、次がアパート1棟、最も金額が大きくなるのがマンション1棟というイメージです。そもそも不動産投資とはどのようなものか実践で理解するためならマンションの1住戸から始めてもよいでしょう。

ただ、マンションの1住戸では不動産投資としての効率が悪く、ある程度、まとまったキャッシュフローを確保するためには、アパート1棟やマンション1棟を検討するのがよいと思います。

【区分マンションと1棟マンション】

マンションでは投資の単位として、1住戸と1棟の2つのパターンがあります。

1住戸のほうが当然、投資金額は少なく、始めやすいといえます。一方、マンションの1棟というと、戸数にもよりますが数億円から10億円以上ということも普通です。

1住戸と1棟の一番大きな違いは、権利の範囲です。1住戸の場合、他の住戸の所有者と横並びの権利しかなく、リフォームなど自由に手を加えられるのは基本的に自分が所有する住戸の室内に限られます。窓やドアを勝手に替えることもできません。また、建物や敷地の管理については管理組合による多数決で決めることになっています。

一方、1棟であれば、土地と建物すべてが自分のもので、築年数が古くなったとき、建物全体をリノベーションすることが自分の判断できます。

女性医師の不動産投資の視点でいうと、キャッシュフローの確保がしやすいことや、権利の範囲が広いことなどから、1棟のほうをお勧めします。

【新築と中古】

アパートにしろ、マンションにしろ、新築と中古の区別があります。

当然、新築のほうが価格は高くなり、入居者の人気もあるので家賃設定も高めにできます。中古として次第に年数が経つと、家賃は次第に低下し、価格も安くなっていきます。

不動産投資の視点で重要なことは、投資額（購入価格）とリターン（賃料収入）のバランス（利回り）をどう見るかです。一般的に、新築のほうが投資額に対するリターンは低めです。これは、市場において新築物件は常に供給されるわけではないので価格にプレミアムが付きやすい一方、賃料は中古を含めた周辺相場に影響されるためです。

投資額とリターンのバランスでは、中古のほうが有利なことが多いのは事実ですが、中古物件は築年数が経つにつれて建物の修繕や設備の入れ替えなどにコストが掛かります。逆に、そうした修繕や入れ替えを行わないと市場での競争力が失われ、空室率が上昇します。

入居者の募集に困らず、雨漏りがしたとか、エアコンが壊れたといったトラブルもほとんどない新築（あるいは中古でも築10年以内）がお勧めです。

利回りは中古に比べてやや低く、同じ投資額であればキャッシュフローも下がりますが、そこは投資規模の面でカバーできます。

以上はあくまで一つの見方ですが、参考にしていただければ幸いです。

CASE

11

専門領域を究めるために

不動産投資でアルバイトを減らし臨床や研究の時間を増やす

プロフィール

年齢：46歳

所属：大学病院

専門（標榜科）：眼科

ヒント

・女性がもっと大学で活躍する時代に
・臨床や研究を究めるためにはアルバイトを減らす必要も
・その支えになるのが、安定した副収入の確保

医師のキャリアにおいて、ある程度の年齢になると、医局を離れる人が多いのはよく知られたこと。

その一方、医局でのキャリアを選ぶ医師もいます。なぜなら、市中病院やクリニックに比べて、大学病院は設備やスタッフが充実しており、珍しい症例も多く集まり、臨床や研究に打ち込む環境としては断然、優れているからです。

眼科の魅力に取り付かれて20年

Kさんもその一人。角膜疾患、角膜移植、白内障などを専門とする眼科医と

して、大学病院や医局の関連病院で臨床と研究を20年近く続けてきました。

「初期研修で複数の内科を回っていたとき、総合的な診療能力を身につけるには内科がいいかなと考えていました。でも、もともと眼科に興味があったし、後悔のないように選択科で眼科の研修を始めたところ、透明な角膜や眼底がとってもきれいで感動！　そこから眼科の魅力に取り付かれたんです。」

Kさんにとっては、若手医師の教育や指導もとてもやりがいのある仕事。市中病院の勤務医や開業医、フリーランスと比べると収入は少ないですし、会議など医療とは直接関係ない業務もありますが、それより大学病院という環境のほうがはるかに重要なのです。

目指すは新しい女性医師のロールモデル

Kさんによると、眼科はほかの診療科に比べ、長時間の手術や主治医として病棟管理が必要なケースがほとんどない分、時間的、体力的な制約が少なく、研究に割く時間が取りやすいことも魅力。

「若い頃は研究にさほど興味があったわけではありませんが、専門医を取得するとき、臨床例などをまとめて発表するうち、自分に向いていると自覚するようになったんです。

その後、海外留学する機会を得て国際的なネットワークが広がり、今では海外のドクターと共同研究することもあります。また、国際学会で定期的に発表するのも楽しみに。」

日本の医学界ではまだまだ女性の教授や准教授は少ないですが、生涯にわたって自分のやりたい研究を続けられるポジションとして、もっとアカデミズムの世界に女性医師が進出しても不思議ではありません。

医師はもともと男女の別がない職業であり、今は多くの優秀な女子学生が医学部に進んでいます。

「客観的に見て明らかに能力の高い女性医師が大学でのポジションを取れずに、関連病院での勤務や開業などに流れるのはもったいない。

特に眼科は女性医師の割合が高い診療科の一つだし、私自身が新しいロールモデルになれれば、とも考えてます。」

相続資金をきっかけに不動産投資を開始

Kさんとしてはもっと大学病院での臨床と研究に集中したいのですが、決して多くはない給与をカバーするためのアルバイトがどうしても必要。なんとかならないかと悩んでいました。

そんなとき、親族を不慮の事故で亡くし、まとまった遺産を相続することに。ただ、相続したのは数千万円とそれほど多い金額でもなく、普通に生活費などに充てていれば、いずれなくなってしまうでしょう。

それより、相続した資金を元手にした資産運用をKさんは考えました。

「たまたま、同僚の医師から不動産投資のことを聞き、興味をもちました。医師専門の不動産コンサルタントに相談したところ、自己資金を頭金にしてローンを組めば、毎月20万円ほどの安定したキャッシュフローが得られるプランを提案してもらいました。

独身ですし、それくらいの副収入があれば、アルバイトを絞ってもっと研究に時間を割けそうです。」

不動産投資による副収入が、Kさんの挑戦を後押ししているのです。

幸せになるポイント

❶ 自分の好きな専門領域を究めるのも医師としての醍醐味

❷ そのためには手間が掛からず、安定した副収入を確保することがとても重要

CASE 11 — 解説

不動産投資におけるレバレッジ

不動産投資において、よく聞くのが「レバレッジ」という言葉です。

レバレッジとは「てこの作用」という意味で、小さい力で重いものを動かすことを指します。不動産投資においては、少ない自己資金で大きな運用規模を実現し、より大きなリターンを得るということになります。

不動産投資におけるレバレッジを実現するのが、金融機関からの融資（ローン）です。

例えば、自己資金2000万円で不動産投資を始めるとします。レバレッジを使わない場合、すなわち自己資金のみで賃貸用不動産（具体的には区分マンション）を購入、5％のリターンを得るとします。すると、年間の賃料収入は100万円です（諸経費は考慮せず）。

一方、レバレッジを使った場合、自己資金2000万円に加えて8000万円の融資を受け、1億円のマンション1棟を購入、同じく5％のリターンを得るとします。

図表9　レバレッジなしとレバレッジありの場合の家賃収入の比較

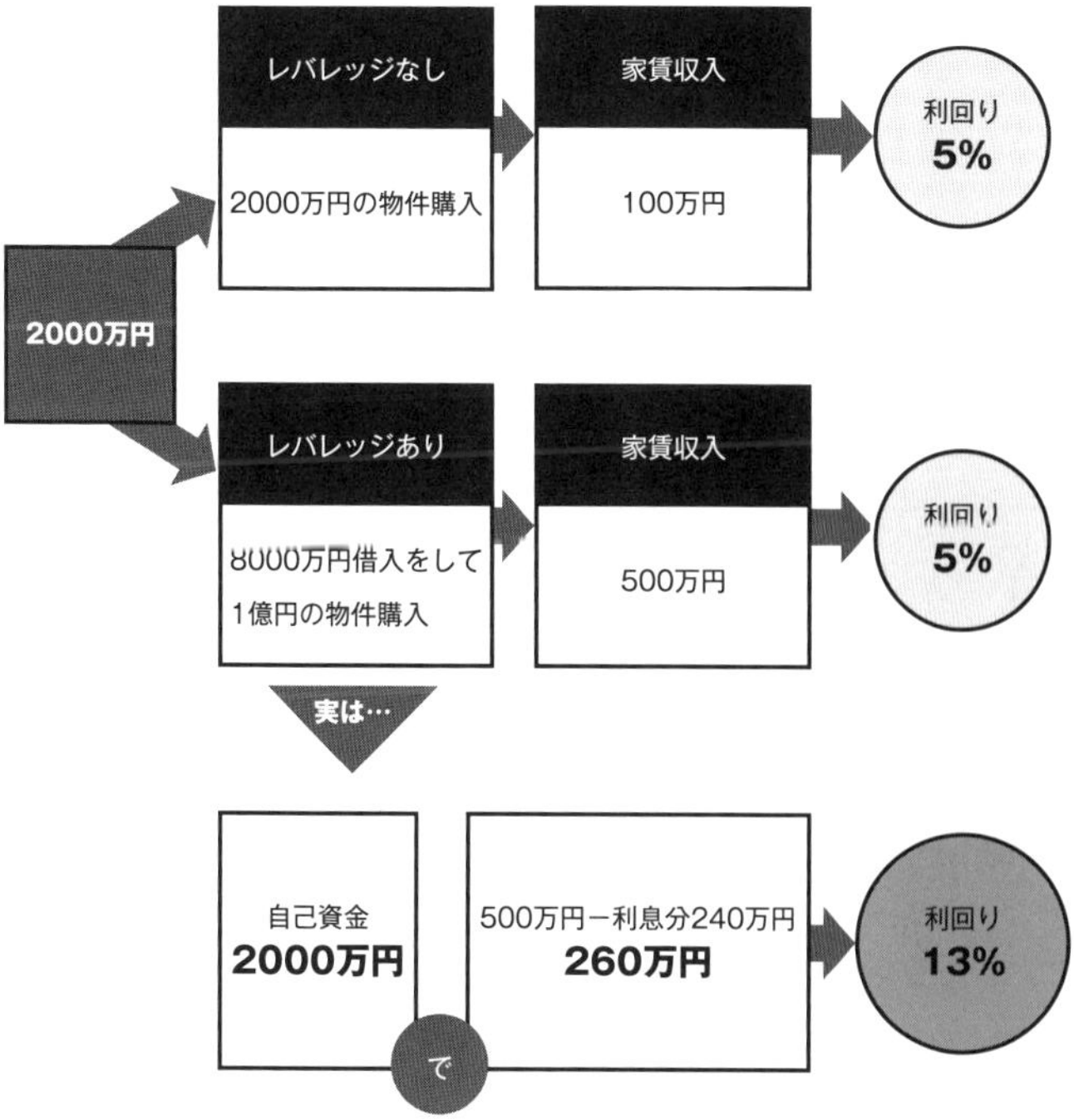

※金利3%で借入した場合

すると、年間の家賃収入は５００万円です。ここから８０００万円の融資に掛かる利息２４０万円（金利３％と仮定）を差し引いても、２６０万円が残ります。

このように、同じ自己資金２０００万円でも、融資というレバレッジを効かせて運用規模を拡大することで、賃料収入が数倍にもなるのです。

ただし、レバレッジには注意しなければならないこともあります。それは、購入した賃貸用不動産のリターン（利回り）と、融資の金利の関係です。

今のケースでは、購入した賃貸用不動産のリターンは５％、融資の金利は３％であり、融資の金利のほうが低くなっています。

もし、融資の金利が5％になると利息は４００万円で、年間の賃料収入は１００万円で融資を受けない場合と同じになってしまいます。さらに融資の金利が7％になれば利息は５６０万円となり、むしろ60万円のマイナスに。いわゆる「逆ザヤ」の状態です。

融資の金利が変わらなくても、賃貸不動産の家賃収入が減り、リターンが低下すれば、同じように「逆ザヤ」が発生します。

もう一点、レバレッジに関連して注意しなければならないのは、元金の返済です。融資には金利が掛かり、利息を払わなければなりません。それとともに、通常は毎月、元金分も返済していきます。元金の返済は融資残高の減少につながるので、ある意味〝積立貯蓄〟をしているようなものですが、とはいえ手元の資金繰りに影響してきます。

そして、毎月、元金分の返済がいくらになるかは、融資期間（返済期間）に左右されます。融資期間が長ければ長いほど、毎月の元金分の返済額は小さくなり、手元にキャッシュが残りやすくなります。逆に、融資期間が短ければ短いほど、毎月の元金分の返済額は大きくなり、賃料収入だけではカバーできなくなります。

このあたりのバランスをどう取るかも、不動産投資におけるレバレッジを考える際には重要なポイントです。

CASE 12

時にはプライベートを優先する

副収入でアルバイトを減らし、家族と一緒の時間を確保

プロフィール
年齢：51歳
所属：市中病院（勤務医）
専門（標榜科）：胃腸内科

ヒント

- **医師としてのキャリアのなかで、時には家族との時間を優先するという判断も大事**
- **安定した副収入があれば、いろいろな選択肢が可能になる**

現役でばりばり活躍してきた女性医師のなかには、ある程度の年齢になると家族との時間を大切にしたい、自分の人生を見つめ直したいという気持ちになる方もいるのではないでしょうか。医師としてのキャリア、ライフスタイルにも、もっと幅があっていいと思います。

早期退職した夫を今度は自分が支えたい

Lさんは、会社員の夫と娘さんが2人の4人家族。これまで医師として働く彼女をご主人は応援してくれたそうです。お子さんが小さい頃は保育園への送り迎え、病気で学校を休んだときの面倒なども、率先して買って出てくれました。

ところがそのご主人が最近、会社の業績悪化や人間関係のこじれなどで追い詰められ、早期退職することに。

その結果、今はＬさんが家計を支えています。

「これまで、仕事に育児に、自分なりに精一杯取り組んできたつもりだけど、振り返ってみるとそれも主人の支えがあったから。今、落ち込んでいる彼を見て、今度は自分が支えてあげないと、と思っているんです。

それに、大学生の娘たちはいずれ、家を出て行くはず。家族一緒にいられる時間をもっと大事にしたいという気持ちも強くなりました。」

Ｌさんは現在、市中病院で胃腸内科の部長として勤務中。そのほか月30時間ほど当直などのアルバイトもして、教育費に充ててきました。

ただ、アルバイトをすれば収入は増えるものの、税金の負担も意外に重い。

そもそも、体力の衰えも感じ始めている今日この頃。

アルバイトを減らして、家族一緒の時間を増やしたいと思うのは当然でしょう。

家計の安定と将来の安心のため不動産投資を

問題はアルバイトを辞めるとその分、収入が減ってしまうこと。娘さんたちの教育費もあと2〜3年はかかります。

「昔からうちの夫婦は質素な生活がモットー。コツコツ貯めてきた貯蓄や主人の退職金などで1億円近く金融資産があります。

そのうち、子どもの教育費を除いた残りで、資産運用をしようと考えました。これまでとは発想を変え、貯めたお金に働いてもらおうということです。」

Lさん夫妻は外貨預金や株式投資、投資信託などいろいろ検討しましたが、最終的に選んだのは不動産投資でした。

投資スパンが長く、ミドルリスク・ミドルリターン、そして毎月の賃料収入と将来の売却時にはまとまったキャッシュも手元に残るという、バランスの良さが魅力的だったといいます。

具体的には、手始めに新築の区分ワンルームを2戸購入し、半年後にさらに地方で中古1棟マンションを購入。

区分ワンルームマンションは2400万円と2700万円。頭金として合計20万円を投入し、35年ローンを組みました。

1棟マンションは全部で40室ある4億8000万円の物件。自己資金は750万円を入れ、30年ローンを組みました。自己資金を多めにしたので、ローンの審査はいずれもスムーズに通りました。

「実際に始めてみて実感したのは、中古1棟マンションのスケールメリット。区分ワンルームでのキャッシュフローは年間20万円ほどですが、1棟マンションでは年間460万円の手残りがあり、合計すれば480万円になります。」

こうしてアルバイトをする必要がほとんどなくなり、勤務先での当直の日以外は家族と食卓を囲んだり、休日には泊りがけの旅行に行ったりする機会も増えました。

不動産投資による不労所得のメリットを実感しているLさん。しばらく様子を見て、数年後には区分ワンルームを売却してもう1件、1棟マンションの購入を検討しているそうです。

幸せになる
ポイント

❶ 長い人生、家族との時間を大切にする時期を選ぶのも正解

❷ 不動産投資は、安定した副収入を確保するにはとても有力な選択肢

CASE 12 解説

不動産投資のメリット（1）　安定した収益

ここからはもう一度、不動産投資のメリットを確認します。

まずは「安定した収益」ということです。不動産投資によって得られる収益には、「インカムゲイン」と「キャピタルゲイン」の2つがあります。

【インカムゲイン】

インカムゲインとは、所有する資産から定期的に得られる収益のことを指します。株式の配当、債券のクーポン、そして賃貸用不動産では賃料などです。

インカムゲインのメリットは、定期的に収益が得られることです。特にアパートやマンションなど賃貸用不動産の場合、入居者がいる限り毎月、賃料が入ってきます。また、賃貸借契約は通常、2年であり、その間は基本的に賃料の額は変わりません。さらに、経済情勢が変化しても、賃料は急激に上がったり下がったりすることが少なく、安定しています。

図表10　不動産投資のトータルリターン

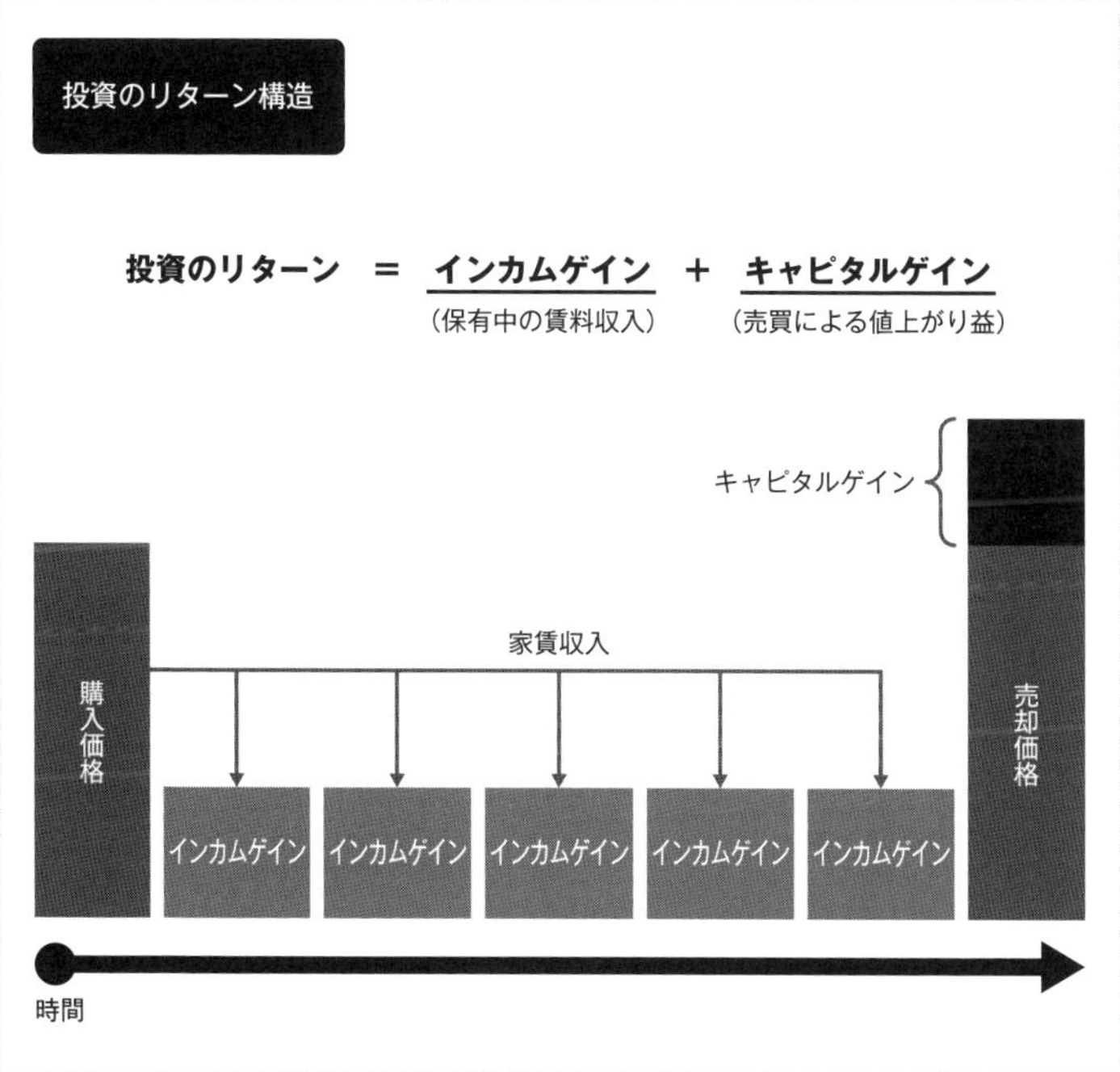

ただし、手元に残るキャッシュは、実際に得られる賃料から各種経費を差し引いたものです。賃貸用不動産の場合、空室になるとそもそも賃料が得られません。また、管理費や固定資産税・都市計画税、そして建物の修繕費や設備の交換費用などが掛かります。これらが賃料を上回ると、赤字になってしまいます。

医師の不動産投資の視点からは、多少、表面上の利回り（投資額に対するインカムゲインの割合）が低くても、空室リスクが低く、建物の修繕費や設備の交換費用などがあまり掛からない新築物件をお勧めします。

また、空室リスクを軽減するには、複数の賃貸用不動産を所有し、一つの物件が空室になっても他の物件の家賃でカバーできるようにしておくとよいでしょう。

【キャピタルゲイン】

キャピタルゲインとは、保有している資産を購入時より高値で売却できた場合に得られる収益（譲渡益）のことです。

キャピタルゲインのメリットは、インカムゲインと比べて一度に大きな収益が見込めることです。一方で、購入したときより大幅に安く売却しなければならないこともあります。この場合はキャピタルゲインではなく、キャピタルロスといいます。

キャピタルゲインがどれくらいになるのか、あるいはキャピタルロスが発生するのか、予想することは難しく、その点ではインカムゲインより不確実です。

ただし、一般論としては、沿線や駅からの距離といった立地条件、周辺の賃貸需要の傾向（単身者かファミリー層かなど）、物件の構造や築年数などによって、ある程度キャピタルロスを避けることは可能だと思います。

CASE 13

事業承継に向けた準備の一環として病院をMS法人で建て替え

プロフィール
年齢：52歳
所属：民間病院（副院長）
専門（標榜科）：腎臓内科

ヒント

- 開業医や病院経営者にとって避けて通れないのが事業承継
- 子どもが医師であれば親子の話し合いが不可欠
- 医療法人の出資持分の扱いのほか、施設の建て替えなど不動産の扱いもポイント

医師のなかでも、開業医や病院経営者にとって、いずれ向き合わなければならないのが事業承継です。お子さんが医師であればなおさら、引き継いでもらいたいと思うのは当然のこと。

でも、そこにはいろいろなハードルも待ち受けています。

開業医や病院経営者にとっていずれ承継が課題に

Mさんはお父さんが開設した民間病院を引き継ぎ、ご主人が院長、Mさんが

副院長として診療とともに経営に当たっています。また、お子さんのうち長男が医学部を卒業。現在は大学病院で心臓外科の専門医資格の取得を目指しています。

「以前から息子にはそれとなく病院を継ぐことを打診したり、顧問税理士や医療コンサルタントに相談したりしているのですが、なかなか一筋縄ではいかないことが分かってきました。」

第一の問題は、当たり前ですが長男が本当に病院を継ぐ気があるのかどうか。この点は親子でよく話し合い、それぞれの希望や考え方を擦り合わせていく必要があるでしょう。

医療法人の出資持分の扱いをどうする?

第二の問題は、病院を経営する医療法人の出資持分の扱いです。

Mさんのお父さんが設立した医療法人の出資持分は現在、生前贈与と相続を経て、Mさんとご主人が半分ずつもっていますが、経営状態が良好なだけに将来、相続が発生すると多額の相続税が掛かりそうです。

そこで、厚生労働省の認定を受けて「持分あり」医療法人から「持分なし」医療法人への移行を検討しています。

病院の建て替えはMS法人で

第三の問題は、病院の老朽化が進んでおり、建て替えの必要があることです。病院を建て替える際、医療法人が建て替えるほか、別途、Mさんたちが出資してメディカルサービス法人（MS法人）と呼ばれる事業会社を設け、そこが病院を建てて医療法人に貸すという形を取ることがあります。

「専門家とともにいろいろ検討した結果、MS法人による建て替えを選びました。病院の土地や建物をうまく活用すれば、病院経営を安定させ、これからも社会に貢献する存在であり続けられる可能性が広がるはずです。」

ＭＳ法人による病院建て替えも、医師の不動産投資の一つ。病院経営者である医師にとっては、キャリアとプライベートを充実させる有力な選択肢になるはずです。

幸せになる
ポイント

❶ 早い時期から専門家の力も借りながら問題点を洗い出し、準備を進める

❷ 病院の建て替えではＭＳ法人の利用が有力な選択肢

CASE 13 解説

不動産投資のメリット（2）　生命保険代わり

不動産投資の第二のメリットは、生命保険代わりになるということです。

不動産投資のために融資（ローン）を利用する際、金融機関での団体信用生命保険（略して団信）への加入が条件となります。

そして、利用者が次のどれかに当てはまる場合、その時点での融資の残り（残高）に相当する金額の保険金が金融機関に支払われます（図表11・163ページ）。

・死亡
・高度障害状態（規定あり）
・余命6カ月以内の診断

通常の生命保険では、まとまった保険金が残された親族などに支払われます。それに対し、団体信用生命保険では融資が付いていないアパートやマンションなどの賃貸用不動産が残り、残された親族はそこから賃料が入るわけです。

なお、団体信用生命保険の加入期間は、融資を完済するまでであり、無事に融資を完済するとその時点で団体信用生命保険も終了します。一方、通常の生命保険のように年齢による契約更新で保険料が上がってしまうことはありません。

日本人は世界的に見ても保険好きな国民として知られており、女性医師の方のなかにも、「将来の万が一に備える」といったセールス文句に惹かれて、過剰な生命保険に加入しているケースがあります。

もちろん、どの程度の生命保険に入るかは個人の判断ですが、不動産投資をきっかけに一度、自分の生命保険を見直してみるとよいでしょう。

図表11　団体信用生命保険の仕組み

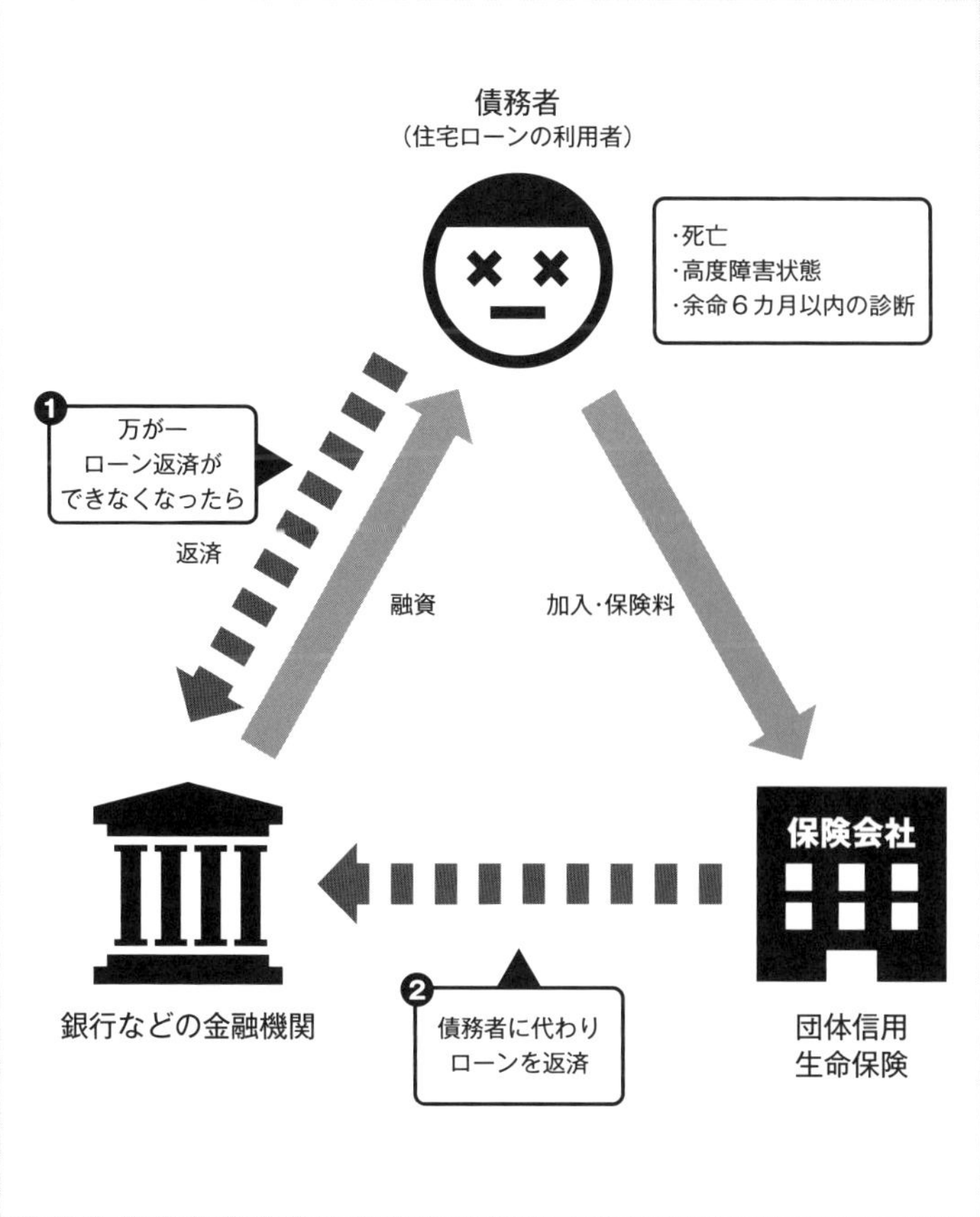

CASE 14

医師ならではの不動産投資の形を求めて

地域に密着した訪問診療を実践、サービス付き高齢者向け住宅にも挑戦

プロフィール
年齢：53歳
所属：訪問診療クリニック（院長）
専門（標榜科）：家庭医

ヒント

・医療と介護のニーズはこれからますます増える見込み
・国の「地域包括ケアシステム」で注目されつつあるのが訪問診療サービス
・医療と介護をつなぐサービス付き高齢者向け住宅は医師の不動産投資として一つの選択肢

日本は世界で最も人口の高齢化が進んでいて、いわゆる団塊の世代がすべて75歳以上の後期高齢者となる２０２５年以降、医療や介護のニーズはさらに増えると予想されています。

そこで政府が進めているのが「地域包括ケアシステム」の構築。これは、２０２５年をめどに、高齢者ができる限り住み慣れた地域で、自分らしい暮らしを人生の最後まで続けられるよう、医療や介護にとどまらず住まいや生活支援など包括的なサービスの提供体制を整えようというものです。

患者に最期まで寄り添う医療を目指して

この「地域包括ケアシステム」の構築に当たって、医師の果たす役割は当然、大きなものがあり、その具体的な取り組みの一つが、訪問診療です。

Nさんは長年、地域の中核病院で呼吸器内科医として勤務していました。そこで多くの患者たちの声を聞き、2年前に訪問診療クリニックを開業しました。

「勤めていた病院は急性期治療が専門で、急性期を過ぎた患者や緩和に移行した患者は、転院したり退院したりしていきます。多くの症例を経験できることは医師としてやりがいもあったのですが、もっと一人ひとりの患者と最期まで向き合いたい、患者に寄り添った医療をやりたいと思うようになり、訪問診療医に転身することにしたんです。」

医師のキャリアにおける新たな可能性

Nさんにとって、開業には資金準備のほか、クリニックの場所探し、スタッフの募集などさまざまなハードルがありましたが、同じ病院で働いているご主人が全面的に協力してくれたとか。

「病院側でもこれまで、退院した患者のフォローが課題になっていて、スムーズに連携しています。経営的にも、思ったより順調です。

問題は休日や夜間の対応ですが、これについては救急診療機能を提供している大手の在宅医療クリニックと提携することでカバー。

これから訪問診療へのニーズはますます高まるはずで、医師のキャリアにおける新たな挑戦として手ごたえを感じています。」

サービス付き高齢者向け住宅は医師ならではの不動産投資

Nさんがもう一つ、新たな挑戦として見据えているのが、サービス付き高齢者向け住宅（サ高住）の経営です。

Nさんには、亡父から相続した土地があり、その有効活用を以前から考えていました。訪問診療に関わるようになると、一人暮らしで自宅にいるよりむしろサ高住のような施設に入ったほうが本人も安心、医療や介護のサービス提供者にとっても効率的というケースが多いことに気づきました。

「地域包括ケアシステムでも、高齢者の住まいをどうとらえるかは重要なポイント。高齢者の住まいを軸に、医療と介護をつなぐモデルをつくり上げられないか、いろいろな人に相談しながら検討しているところです。」

医師による不動産投資にはさまざまなスタイルがあり、サ高住の経営は医師ならではの特色あるパターンといえるでしょう。

幸せになるポイント

❶ 時代の変化に医師としてどう関わるかを考えてみる

❷ サービス付き高齢者向け住宅は、医師ならではの特色ある不動産投資

CASE 14 解説

不動産投資のメリット（3） 節税効果

不動産投資の第三のメリットは、節税効果が得られるということです。特に、収入の高い医師の方たちにとっては見逃せない点です。

アパートやマンションなど賃貸用不動産の賃料は、所得税においては「不動産所得」に分類されます。1年間の不動産所得を次のように計算し、他の所得と合わせて所得税が決まります。

不動産所得の金額 ＝ 総収入金額（賃料等）－ 必要経費

ここでのポイントは、必要経費の内訳です。不動産所得においては、次のようなものが必要経費となります。

①管理費

不動産を日常的に管理するための費用です。1棟アパートや1棟マンションなどの場合、廊下や階段の清掃、設備の保守点検などの費用が挙げられます。

区分マンションでは、あらかじめ決められた金額を毎月、管理組合に支払うことになっています。

②修繕費

建物や設備の定期的な修繕のほか、突発的な故障や不具合などの補修に掛かる費用です。1棟アパートや1棟マンションでは実際に支出した際に必要経費として計上できますが、まとまった金額になることもあるので、あらかじめ賃料から積み立てておくべきです。

区分マンションでは、あらかじめ決められた金額を修繕積立金として毎月、管理組合に支払うことになっており、必要経費として計上できます。

③ローンの利息

賃貸用不動産を、融資（ローン）を利用して購入している場合、毎月の返済額のうち利息分は金融機関に支払う必要経費として計上できます（元金分は本来は自己資金でまかなうべきものであり、必要経費にはなりません）。

④ 税金

不動産を購入した際の印紙税や不動産取得税、毎年支払う固定資産税・都市計画税などが必要経費となります。

⑤ 減価償却費

不動産投資における特徴的な必要経費です。

建物や設備などの購入費用（土地は除く）は必要経費になるのですが、購入した年に一括して計上するのではなく、税法上定められた耐用年数を基に、複数年にわたって分割して経費計上できます。

この減価償却費が、不動産投資における節税効果を生むことになります。

⑥ 損害保険料

自然災害による損害に備えるための火災保険や地震保険などの保険料は、必要経費として計上できます。

⑦その他の費用

現地調査や打ち合わせなどのための旅費交通費、不動産投資に関係する書籍や新聞の購入費、運営管理に関わる通信費、確定申告を税理士に依頼した費用なども、必要経費となります。

賃貸用不動産を購入したことによる節税効果は、先に挙げた必要経費のうち⑤減価償却費が大きな役割を果たします。

賃貸用不動産を購入した年は本来、建物や設備などの購入費用が必要経費になるはずです（土地は除く）。しかし、税法上、建物や設備はその法定耐用年数に応じて、複数年にわたって経費計上することになっています。

そのため、賃貸用不動産を購入した年は、実際に支払った必要経費よりも不動産所得の計算上の必要経費は少なくなります（手元からはキャッシュアウト）。

しかし、2年目以降は、実際に支払っていない減価償却費が必要経費として計上できるので、不動産所得の金額は実際のキャッシュフローより圧縮され、赤字（マイナス）になることもあります。

そして、この赤字分は給与所得などと相殺することが可能です。これを「損益通算」といって、所得税や住民税の負担が減ることになります。

ただし、このスキームには一定の注意が必要です。

不動産所得が赤字の場合、土地の取得にかかる融資の利息分は、他の所得との損益通算の対象にはならないという規定があります。

つまり、不動産所得が赤字になった場合、土地部分の金利を必要経費として計上することはできますが、損益通算の対象となるのは赤字部分から土地の借入金の金利に該当する額を差し引いた金額になります。

土地に関する融資の利息分は基本的に、建物を取得するために借りた分と土地を取得するために借りた分を区別し、借入金に対する土地の割合を算出します。この区分が難しい場合、自己資金は優先的に土地の取得に充て、融資は土地の残金と建物の取得に充てたと考えます。

こうした点は複雑ですので、不動産投資に詳しいコンサルタントに相談されることをお勧めします。

CASE 15

所有する不動産を活かす

親の介護や相続に備えてクリニックや自宅を有効活用

プロフィール
年齢：55歳
所属：クリニック（院長）
専門（標榜科）：皮膚科

ヒント

・50代は相続などプライベートで意外にお金も時間も必要に
・所有している不動産の有効活用が幸せのカギ

医師も50代に入ると、自分のキャリアや家庭のことだけでなく、親の介護や相続が身近な問題になってきます。それは女性医師でも同じこと。さまざまな選択や対応が考えられます。

育児も一段落し、プライベートも充実

Oさんは20代後半で結婚し、3人のお子さんを授かりましたが、40代で離婚。その後、一人で育て、すでに全員、社会人として立派に独立しています。

3年前には父が開設したクリニックを引き継ぎ、新たに皮膚科として開業。開業に当たっては、「マイホームのように寛げるクリニック、家族のように

気軽に話せる医師」を目標に掲げました。

プライベートでは子育ても終わり、これからは自分の人生を思い切り楽しみたいと考えているOさん。

一番の趣味は旅行で、アフリカで野生動物を見たり、世界各国の世界遺産を巡るのが好きだとか。

また、ワインはソムリエの資格ももっているほど造詣が深く、フランス、南アフリカ、アメリカ、チリなど世界各地のワイン産地を訪ねるのも恒例行事になっています。

「ここしばらくはコロナ禍で無理でしたが、そろそろ気の合う女性医師の友人たちと出掛ける予定。今からいろいろプランを立てているんです。」

相続が懸念、不要な不動産を手放し新たな資産を得る

そんなOさんが最近、気になっているのがクリニックのほか、ご両親が所有する自宅や駐車場、アパートのこと。両親ともすでに80歳を超え、いつ相続が

発生してもおかしくありません。

Oさんはきょうだいがいないので遺産分割で揉《も》める心配はありませんが、逆にご両親の介護が必要になったときの費用の確保や相続税の負担などが問題になりそうです。

「顧問税理士に相談しているのですが、別の視点からアドバイスをもらいたいと思い、医師専門の不動産コンサルタントに連絡を取ってみました。

資産内容や私の意向を伝えたところ、提案されたのは遠方にある駐車場やアパートを処分し、その資金で自宅を賃貸マンションに建て替えるというプラン。

クリニックもその後、建て替えて、診療はそのまま続けながら、上階に両親と同居すればどうかということで、前向きに検討しているところです。」

不動産を有効活用することで、将来の介護や相続に備え、そして何より生涯現役を続けながら地域の人たちの役に立つ。

Oさんの人生はますます充実したものになりそうです。

幸せになる
ポイント

❶ 治療とともに患者たちの毎日を明るくすることがやりがい、生きがいに通じる

❷ 相続予定の不動産があれば、その扱いや有効活用を早めに検討する

CASE 15 解説

不動産投資のメリット（4）　相続税対策

不動産投資の第四のメリットは、相続税対策になるということです。キャリアを積み、資産形成も達成された医師の方たちにとっては、ぜひ検討したい点です。

相続税とは、亡くなった人（被相続人）が生前に所有していた財産的価値のある資産を対象に掛かる税金で、相続人がそれぞれの相続割合等に応じて負担します。

相続税の計算で大きなポイントになるのは、相続した資産をどう評価するかです。相続税法では基本的に「時価」で評価するとしており、現金や預金は額面どおり、上場株式や国債などは相続時の市場価格で評価されます。

一方、土地や建物などの不動産は「時価」の評価が難しく、国税庁の通達によれば、土地については毎年、各地の国税庁が公表する「相続税路線価」などを基に、建物については市区町村が定める固定資産税評価額を基にして、評価することになっています。

そして、地域によって差はありますが、相続税の計算上、土地については市場価格に比べて7割程度、建物については5割程度にまで下がるとされます。

つまり、現金や預金、上場株式や国債などに比べて、土地や建物など不動産は相続税の計算においてかなり有利に評価されるのです。

さらに、アパートやマンションなどの賃貸用不動産は、第三者に貸していることで利用に制約が生じており、マイホームなどの自用不動産よりさらに相続税の計算において、評価額が軽減されます。

こうしたことから、将来の相続に備えて、現金や預金、上場株式や国債などの一部を不動産、とりわけ賃貸用不動産に替えることで、相続税の負担を抑えることが可能になります。

なお、賃貸用不動産の購入において、融資（ローン）を利用すると、相続税の計算上、融資額はそのままマイナス評価となります。賃貸用不動産の土地や建物の評価額（プラス評価）より融資のマイナス評価のほうが大きければ、その分は他の相続資産と相殺され、さらに相続税の負担を抑えられる可能性もあります。

こうした不動産投資による相続税対策は、さまざまな条件も関係するため、不動産コンサルタントや税理士に相談されることが重要です。

賢く、楽しく、幸せに
女性医師として充実した人生を手に入れる――

最初にも述べましたが、日々忙しく働いている女性医師のなかには、医師としての充実したキャリア形成や、結婚・出産などのプライベート面を含めた幸せな将来設計を考える余裕がなく、漠然とした不安を感じる人が少なくありません。

しかし、本文で紹介したように、さまざまなきっかけで不動産投資と出合い、キャリアと人生の新しい可能性を切り拓いている女性医師がたくさんいます。

忙しいからといって人生を諦めてはいけません。

不安を抱えたままではいけません。

ご自分のステージに合った解決法が必ずあるはずです。

それをうまく使いこなせば誰だって幸せになれるのです。

このことはおそらく、医療と本質において変わりはないはずです。目の前の状況を分析して、課題を見つけ、解決手段を探し、実行する。それをお金や投資というジャンルに移してやってみればいいのです。

さあ、一歩を踏み出しましょう。きっと、明るい未来が見えてくるはずです。

ぜひ多くの女性医師が、賢く、楽しく、幸せに、自分らしく充実した人生を手に入れることを願っています。

【著者プロフィール】

大山一也（おおやま・かずや）

トライブホールディングス代表取締役社長。1979年生まれ。土地売買からアパート、マンション、ビル建設までを幅広く手掛ける。価値を高め、収益を最大化する不動産物件を実現するため、2010年に株式会社トライブを共同で設立。翌2011年、同社代表取締役就任。この高齢化社会では、不動産と医療は密接に連携すべきという持論のもと、高収益と高付加価値を同時に実現する独自の不動産物件を多数手掛ける。自ら医療法人の立て直しにも助力し、倒産しかけた医療施設の再建に乗り出し、再生させた。また、新たな医療法人の立ち上げにも参画し、地域医療の活性化に努めている。著書に『なぜ医者は不動産投資に向いているのか？』『資産10億円を実現する　医師のための収益物件活用術』（いずれも幻冬舎メディアコンサルティング）がある。

植田 幸（うえた・さち）

中央大学法学部卒業。資産コンサルタント、宅地建物取引士、AFP（日本FP協会認定）。金融業界、国際的情報機関を経て、2006年不動産業界へ。中古住宅再生事業、新築マンション事業、リノベーション事業等を経験したのち、トライブホールディングスに入社。現在、執行役員として社内マネジメントのかたわら、全国で講演を行うなど幅広く活動している。

本書についての
ご意見・ご感想はコチラ

幸せになれる
女性医師の不動産投資

2021年11月26日　第1刷発行

著　者　大山一也
　　　　植田 幸
発行人　久保田貴幸

発行元　株式会社 幻冬舎メディアコンサルティング
　　　　〒151-0051　東京都渋谷区千駄ヶ谷4-9-7
　　　　電話　03-5411-6440(編集)

発売元　株式会社 幻冬舎
　　　　〒151-0051　東京都渋谷区千駄ヶ谷4-9-7
　　　　電話　03-5411-6222(営業)

印刷・製本　瞬報社写真印刷株式会社
装　丁　田口美希

検印廃止

Printed in Japan
ISBN 978-4-344-93671-3 C0033
幻冬舎メディアコンサルティングHP
http://www.gentosha-mc.com/